경건한 예배를 위한

고백의 기도

김경진 지음

Q 쿰란출판사

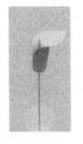

머리말

창세기 3:9 여호와 하나님이 아담을 부르시며 그에게 이르시되 네가 어디 있느냐.

"네가 어디 있느냐?", 이 물음에는 하나님의 은총이 깃들어 있습니다. 이 물음이 있기 전까지 하나님은 말씀으로 세상을 창조하시며 명령하실 뿐이었습니다. 그러나 이제, 아담에게 말을 건네시는 하나님입니다. 인간에게 말을 걸어오시는 하나님의 은총의 역사입니다. 이 물음을 듣고 아담이 숨어 있던 나무 뒤에서 빼꼼히 얼굴을 내밉니다. 하나님 앞에 선 단독자로, 그분의 물음에 대답하는 존재로 섭니다.

회개란 하나님께로 돌이키는 것입니다. 하지만 회개를 뜻하는 히브리어 동사 '슈브'에는 '소생시키다', '대답하다'라는 뜻도 있습니다. 부르시는 하나님의 음성에 '대답'하는 것이 회개요, 그 응답을 통해 우리의 영이 '소생'하게 되는 것이 회개라는 의미입니다. 우리의 신앙은 하나님의 부르심 없이는 완성될 수 없습니다. 하나님께서 우리를 부르신다는 은혜를 깨닫고 응답할 때, 비로소 우리의 신앙의 여정도 시작됩니다. 갈릴리의 어부 베드로가 주님을 만나고 "주여 나를 떠나소서 나는 죄인이로소이다"(눅 5:8 중)라고 응답하였듯이, 주님을 만난 자는 통회와 자복의 무릎을 꿇지 않을 수 없습니다.

그러나 참회의 기도는 단순히 죄를 고백하는 차원에 머물지 않습니다. 우리의 내면을 하나님께 온전히 드러내고, 그분의 은혜와 자비를 구하는 신앙의 토대입니다. 이 기도의 뿌리는 매우 오래되고 깊습니다. 초기 기독교 수도사들은 참회의 기도를 통해 자신을 돌아보며 하나님과의 관계를 회복하려 했습니다. 안토니오 대수도사는 자신의 죄와 부족함을 날마다 고백하며 하나님과의 만남을 이어 갔습니다. 4세기 사막의 교부 에바그리우스는 참회의 눈물이 영혼의 세례처럼 마음을 씻어 내는 신앙적인 치유의 요체라고 말하였습니다. 아우구스티누스도 『고백록』에서 깊은 참회를 통해 하나님께 나아가는 여정을 상세히 기록했습니다. 이들은 참회의 기도야말로 영혼을 정화하고 하나님을 향한 진실한 심령을 일깨운다고 믿었습니다.

장로교 예배에서도 참회의 기도는 예배의 시작을 알리는 중요한 의식입니다. 예배의 모든 순서에 앞서, 하나님 앞에 나를 겸비하고 용서를 구하며 예배의 참된 의미를 깨닫는 시간입니다. 하나님과 관계를 회복하기 위한 첫걸음이자 우리의 예배가 영과 진리로 나아가게 하는 발돋움이 됩니다.

오늘날 우리는 바쁜 삶을 살아갑니다. 수많은 일들이 우리를 몰아가고, 우리 힘으로 감당할 수 없는 일들로 중심마저 흔들릴 때가 있습니다. 그 일상의 연장선에서 주일 예배도 급하게 맞이하곤 합니다. 교회에 도착하여서도 마음이 일렁여 예배에 집중하기 어려울 때도 있습니다. 참회의 기도는 그 순간 우리를 하나님 앞에 세웁니다. 우리를 하나님께로 집중할 수 있게 도와줍니다. 기도를 드리며 우리는 잠시 멈추어 자신의 삶을 돌아보고, 하나님 앞에서 나를 비추어 볼 수 있습니다. 예배의 중심이신 예수 그리스도께 깊이 나아가 일상의 어수선함을 뒤로 하고 주님과 하나 되는 심연으로 돌입합니다.

본서는 누구나 일상에서도 활용할 수 있는 기도집입니다. 출근길 차 안에서, 점심시간의 짧은 휴식 중에, 또는 잠자리에 들기 전 잠시 시간을 내어 이 기도문들을 읊조리고 묵상하며 자신을 돌아볼 수 있습니다. 이를 통해 하루의 분주한 일과 속에서도 신앙의 본질을 되새기고 하나님과의 관계를 지속적으로 갱신할 수 있습니다.

모든 인생에는 갈라진 틈이 있습니다. 그러나 그 틈새로 빛이 들어옵니다. 하나님께서 우리를 부르시는 이유는 깨어진 우리를 꾸짖고자 함이 아닙니다. 도리어 우리의 부서지고 갈라진 틈에 생명의 빛을 비추어, 다시 살리시고자 우리를 부르시고 기다리십니다. 지금도 여전히 "네가 어디 있느냐?" 부르시는 하나님의 절절한 외침 앞에, 한 시인의 기도처럼[1] '주의 얼굴빛'을 구하여 참 회복과 구원의 신비를 경험하는 우리가 되길 바라며 이 책을 세상에 내놓습니다.

마지막으로, 이 책이 출판되기까지 도움을 주신 분들께 감사드립니다. 기획과 편집을 맡아 주신 쿰란출판사와 대표 이형규 장로님께 깊은 감사를 드립니다. 주의 성전에서 함께 예배하며 참회의 기도를 드린 소망교회의 모든 성도님들께도 깊은 감사를 드립니다. 이 책이 많은 이들에게 영적 회복과 소생의 길로 인도하는 도구가 되기를 바라며 "우리를 돌이키사 다시 살리소서", 이 기도가 우리 모두의 입술에서 계속해서 울려 퍼지기를 기도합니다.

2024년 12월
김경진

---

[1] "하나님이여 우리를 돌이키시고 주의 얼굴빛을 비추사 우리가 구원을 얻게 하소서(시편 80:3)."

경건한 예배를 위한
고백의 기도

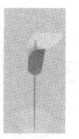

목차

머리말 _ 2

1부 우리를 불쌍히 여겨 주옵소서
참회기도문 01~31 _ 10

2부 우리를 회복시켜 주옵소서
참회기도문 01~22 _ 74

3부 우리를 새롭게 하여 주옵소서
참회기도문 01~36 _ 120

부록 1 교회력 _ 194
부록 2 각종 절기 및 기념 _ 238
사죄의 선언 성구 목록 _ 276

1부

우리를
불쌍히 여겨
주옵소서

참회기도문 01

거룩하신 하나님!
맑고 밝으시며 흐린 빛이 하나도 없으신 정결하신 주님이시기에
혼탁하고 어두우며 맑지 않은 삶의 길을 걸어가는 우리들은
감히 주님 앞에 설 수가 없는 더러운 존재들입니다.
그럼에도 불구하고 우리를 사랑하시어
우리의 허물을 그리스도의 보혈로 덮으시고,
우리의 작은 믿음을 보시며
의롭다 여겨 주시는 주님께
감사와 찬송을 올려 드립니다.

떨어지는 낙엽을 보면서,
차가워지는 공기를 느끼면서,
결실과 소멸을 반복하는 계절의 변화 앞에서
지나온 삶의 여정과 열매들을 되뇌어 봅니다.

하나님,
지난날 우리는 과연 무엇을 했는지 다시 돌아봅니다.
좋은 말과 선한 행동을 심어 아름다운 열매를 맺기를 원했지만,
부끄러운 열매만 달려 있는 우리의 삶을 돌아보며 회개합니다.
어려운 이웃들, 가난한 이들을 돌아보지 못한 죄를 또한 회개합니다.
나만을 생각하며, 나의 이익과 욕망을 채우는 일에만
온 마음과 힘을 쏟았던 우리의 지난 삶을 돌아보며 회개합니다.

하나님을 구하지 않은 죄,
하나님의 뜻대로 살지 못한 죄가 우리 앞에 있습니다.
주님, 우리를 불쌍히 여기시고 용서하여 주시옵소서.
지극히 작은 자를 귀하게 여기신
주님의 삶을 닮아 가게 하시고,
우리를 더욱 거룩한 자리로 이끌어 주시옵소서.

참회기도문 02

사랑과 자비가 풍성하신 하나님!
차가운 바람이 옷깃을 여미게 하는 날들입니다.
늘 한결같이 따뜻할 줄만 알았던
날씨가 급격히 바뀌는 변화의 시간을 경험하며
인간의 허망함과 연약함을 다시 생각합니다.

하나님, 다가오는 그날을 생각하지 못하고
늘 교만하게 살아온 우리를 불쌍히 여겨 주시옵소서.
곤고한 날이 가까이 오고 있음을 알면서도
하나님과 사람 앞에서 죄를 지으며 살아가는
우리의 미련함을 용서하여 주시옵소서.
치러야 하고 계산해야 하는 날이 다가옴에도
나태하게 살아온 우리의 방만함을 용서하여 주시옵소서.

더 열심히 세월을 아끼며 살지 못한 죄,
더 힘내서 사랑하지 못한 죄,
자고하고 교만하여 다른 이들을 무시한 죄를
주님 앞에 회개합니다.
나만 생각하며 나의 이익만을 위해 살아온
욕심스런 모습을 회개합니다.
연약한 자, 불쌍한 자를 긍휼히 여기지 못한 죄,
아파하고 고통당하는 사람들을 위로하지 못하고
무심하게 지나친 죄를 용서하여 주시옵소서.
주님께서는 우리를 위해 다가오시며
우리를 고쳐 주시고 다시 일으켜 세우시기를 원하십니다.
그러나 우리가 그 주님을 기쁘게 영접하지 못함을
용서하여 주시옵소서.
하나님께서 우리를 위해 큰 은혜를 베풀어 주시기를 원하시지만
그 은혜를 받아 누리지 못하는 우리의 부족함을,
주님, 용서하여 주시옵소서.

우리의 체질을 아시는 하나님,
우리가 주님의 품안에서 온전히 평안을 누리지 못함은
우리의 믿음이 약하기 때문임을 고백합니다.
우리를 고쳐 주시고 새롭게 하여 주시옵소서.

참회기도문 03

긍휼이 풍성하신 하나님!
오늘도 부족한 우리를 주님 앞으로 불러 모아 주시니 감사합니다.
한 사람 한 사람 모두 주님과 대면하는 시간이 되게 하시고,
주님께서 내려 주시는 은혜를 입는 시간이 되게 하여 주시옵소서.
하나님을 찬송하며 하나님의 이름을 높이도록
지으심을 받은 우리들이
지난 주간을 살아가면서
얼마나 주님을 영화롭게 하였는지 회개하는 마음으로 돌아봅니다.

주님의 이름에 합당한 영광을 돌리기보다
우리는 늘 주님의 이름을 욕되게 하는 자로,
주님의 명예를 떨어뜨리는 부끄러운 말썽쟁이로 살아왔음을
고백하지 않을 수 없습니다.
주님의 이름을 높인다고 하면서

실은 나 자신의 명예와 자존감, 그리고 존재감에
더 연연하며 살았던 것은 아닌지,
우리의 신앙과 삶의 여정을 돌아보며 주님께 회개합니다.

주님의 말씀을 온전하게 살아 내지 못함으로,
주님께 온전한 마음을 드리지 못함으로
우리는 주님의 이름을 거룩하게 해 드리지 못하였습니다.
우리의 행실과 언어가 바르지 못하여
하나님께 영광 돌리지 못한 죄를 용서하여 주시옵소서.
믿는다고 하면서도 진정으로 주님을 믿지 못하고
세상의 것에 연연하며 살아온 우리를
불쌍히 여겨 주시옵소서.
하나님의 나라를 바라고 기다린다 하면서도
이 세상의 것에 더욱 탐닉하였던 것을,
주님, 용서하여 주시옵소서.

우리가 세상에 매여 있으므로
하나님의 자녀답게 살지 못하였습니다.
우리를 긍휼히 여기사
우리의 부족함과 죄악을 사하여 주시옵소서.

참회기도문 04

하나님,
우리는 주님을 떠나서 멀리멀리 갔습니다.
정처 없이, 마음 둘 곳 없이, 그저 욕망이 흐르는 곳을 다녔습니다.
그곳에서 우리는 슬픔과 외로움을 보았습니다.
처량한 우리의 신세와 한없이 피곤한 우리의 모습을 보았습니다.

마음 깊은 곳에서 울려 나오는 슬픔과 절규!
그것은 우리의 영혼이 주님을 찾아 나서라고
우리를 독려하는 영혼의 신호였습니다.

하나님, 그럼에도 우리는
주님께로 나아가지 않았습니다.
하나님께서 우리의 영혼을 가장 낮은 자리에 두시기까지
우리는 교만하여 주님을 찾지 않았습니다.

하나님,
우리를 용서하여 주시옵소서.

늘 주변을 탓하며, 환경을 문제 삼으며,
사람들을 원망하며 살아온 우리의 모습을 돌아봅니다.
문제는 나에게 있었지만
우리는 남에게 모든 책임을 전가하기에 바빴습니다.
주님, 우리를 긍휼히 여겨 주시옵소서.

우리는 잘못된 길로 들어서서 욕망 가운데 살았음을 회개합니다.
못된 말로, 비난의 말로
다른 이들에게 상처를 주었음을 회개합니다.
흐트러진 마음으로, 무감각한 상태로
주님께 예배하려 하였던 것을 용서하여 주시옵소서.
게으름과 나태한 우리 삶의 모습을 주님께서 불쌍히 여기사
우리를 성령의 능력으로 새롭게 하여 주시옵소서.
우리를 불쌍히 여겨 주시옵소서.

참회기도문 05

사랑의 하나님,
주님의 자녀들이 죄인의 길에서 힘겹게 시달리다가
이 시간, 주님께로 나왔습니다.
하나님 나라를 소망하며
그 나라의 질서를 배우고 실천하며 살아야 할 우리들이
세상의 무게와 화려함에 눌려
세상의 질서에 휘말려 살고 말았습니다.
하나님, 우리의 허물과 죄를 용서하여 주시옵소서.

하나님께서는 우리를 부르시어 귀한 사명들을 맡기셨는데
우리는 주님께서 맡기신 일들을 제대로 감당해 내지 못하였습니다.
속으로는 나의 유익만을 구하면서도
마치 하나님의 영광을 위하여 일하는 듯
큰소리쳤던 우리를 용서하여 주시옵소서.

거친 행동으로, 험한 말로 사람들에게 상처를 준 것을
돌이켜 회개합니다.
정욕과 욕심에 휩쓸려서 저지른 모든 일들을 회개합니다.
가지 않아야 할 길에 서 있었습니다.
하지 말아야 할 말을 내뱉고 말았습니다.
저지르지 않아야 할 죄를 짓고 말았습니다.
하나님, 우리의 모든 죄악을 용서하여 주시옵소서.

무엇보다 하나님을 온전히 신뢰하지 못한 것을 회개합니다.
하나님의 일을 한다고 하면서도
세상의 방법이 도리어 익숙한 방법이 되고
더 실현 가능한 방식이 되어 있는
우리가 가진 생각의 틀을 주님께서 고치시고
바꾸어 주시옵소서.

주님께서 맡겨 주신 일들을 제대로 수행하지 못한 허물을,
주님, 용서하여 주시옵소서.
남의 탓만 하며 자신의 부족함을 인정하지 않으려는
우리의 뻔뻔함도 용서하여 주시옵소서.

참회기도문 06

사랑과 자비가 풍성하신 하나님!
우리는 시간 속에서 살아가지만 주님은 영원하시며 전능하십니다.
여전한 삶의 환경과 여건 가운데
오늘이라는 시간을 또 맞이합니다.
상황은 바뀐 것이 별로 없지만
새로운 시간에 주님께서 우리를 위하여 이루실
많은 일들을 기대하며 주님 앞으로 나왔습니다.

참으로 부족한 우리를 부족하다 하지 않으시고
우리를 위해 생명을 내어 주시며
우리를 넘치는 사랑으로 받아 주신 하나님,
하나님의 그 크신 사랑에도 불구하고
우리는 그 사랑을 온전히 깨닫지 못한 채
감사하지도 아니하며 평안을 누리지도 못하는

참으로 불쌍한 존재들입니다.

하나님,
우리에게는 미래에 대한 두려움이 많습니다.
염려와 걱정도 가득합니다.
이 모든 것이
하나님을 온전히 믿지 못하는 우리의 불신앙임을 깨닫습니다.
주님, 우리를 불쌍히 여기시고 용서하여 주시옵소서.

하나님,
내 짐이 너무 무거워서,
탄식과 원망 가운데 빠져 있는 이들도 있습니다.
왜 나는 하나님께서 돌봐 주시지 않는지
불평함으로 마음이 약해진 이들도 있습니다.
하나님, 그러한 우리에게
하나님께서 우리를 위해 하신 일들을 기억할 수 있는
기억력을 회복시켜 주시옵소서.
하나님께 받은 은혜를 기억하지 못하는 죄를 범하지 않도록,
감사하지 아니하는 죄를 범하지 않도록
우리를 인도하여 주시옵소서.

참회기도문 07

사랑과 자비가 풍성하신 하나님!
주님의 인도하심과 도우심으로 하루하루를 살다가
주님 앞으로 나왔습니다.
베풀어 주신 은혜가 너무나도 큰데,
오늘도 우리에게는
잘못 살아온 후회와 아쉬움이 있습니다.

주님 앞에 새로운 결심을 하고도
어느 것 하나 제대로 이루지 못한 채,
부끄러운 모습으로 주님의 전을 찾은 우리를
긍휼히 여겨 주시옵소서.

험한 세상에서 주님의 자녀답게 살지 못하였습니다.
소금과 빛이 돼라 말씀하셨지만 세상에 생명의 빛을 비추지 못하였고,

주님의 자녀답게 살지도 못하였습니다.

말로 덕을 끼치지 못하였고,
많은 사람의 마음을 아프게 할 때가 있었습니다.
선한 일을 한다고 하면서
사실은 나의 명예나 만족을 위해 일하기도 하였습니다.
쉽게 화를 내거나 분노함으로 믿는 자답게 살지 못하여
하나님께 영광을 올려 드리지 못하였습니다.
잘 알지도 못하면서 다른 이를 비난하거나 모함한 죄를
용서하여 주시옵소서.
주님의 뜻이 아닌 줄 알면서도
모른 척 눈을 감아 버린 때도 있었습니다.
하나님, 우리를 불쌍히 여기시어
우리 마음 깊은 곳에 있는 악을 제하여 주시옵소서.

하나님은 아름다움을 이 땅에 선물로 주셨는데
우리는 이 땅을 추하게 만들고
우리의 모습을 더럽게 만들어 놓았습니다.
부족하고 추한 모습을 보며 전심으로 회개하오니,
주님의 보혈로 우리를 깨끗이 씻어 주시고,
빛나는 아름다움으로 우리를 다시 회복시켜 주시옵소서.

참회기도문 08

거룩하신 하나님!
어느 누가 존귀하신 하나님의 얼굴을 뵈올 수 있으며,
그 영광의 빛을 누릴 수 있겠습니까?
우리는 결국 흙으로 돌아갈 존재요,
죄악으로 주님을 멀리 떠난 사람들이니,
주님 앞에 설 자격이 없습니다.
우리는 태어나면서부터 원죄의 굴레 안에 있으므로,
온갖 욕망과 시기와 교만과 욕심으로 가득 차 있는 존재들입니다.
우리 안에는 어두운 그림자들이 많이 있어서
슬픔과 고통과 우울과 무기력함이
우리를 지배할 때가 참으로 많이 있습니다.

하나님!
우리가 죄악 가운데 태어났으니,

우리가 무엇을 할 수 있겠습니까?
우리의 손으로 만들어 내는 일들이
창조적이고 생명을 만드는 일이 되지 못하고,
망가뜨리며 죽이는 일들이 되곤 합니다.
하나님, 우리의 영혼이 슬퍼하며 주님의 이름을 부릅니다.
하나님, 우리의 모자람과 죄성과 잘못된 삶의 흔적들을
주님의 보혈로 지워 주시고
새롭게 하여 주시옵소서.

우리를 모태에서 조성하시고 만드신 하나님,
우리가 어떻게 하여 주님의 형상을 잃어버리고
죄 가운데서 방황하게 되었는지도 잘 아시는 주님,
주님의 눈길을 우리에게 돌려주시고,
참으로 비참한 우리에게 손 내밀어 주시길 원합니다.
우리의 영혼이 나음을 받게 하시고,
우리의 심장이 주님께서 주시는 새로운 생명으로
다시 뛰게 하여 주시옵소서.

하나님, 우리가 우리의 부족함은 보지 못한 채,
다른 이들을 비난하고 그들의 잘못을 드러내며,
그들을 정죄한 것을 용서하여 주시옵소서.
하나님, 우리 안에 맑은 영으로 다시 새롭게 채워 주시고,
주님을 사랑하는 마음이 우리 안에 가득 넘치게 하여 주시옵소서.

참회기도문 09

사랑과 자비가 풍성하신 하나님!
오늘도 우리의 숨결을 이어 주셔서 주님 앞에 나와
주님의 이름을 부르게 하시니 감사합니다.
한 해를 더 얻고, 하루를 더 살게 된 것이 결코 우연이 아님을 알기에
오늘도 기회를 연장해 주신 하나님께 감사하며
주님의 뜻을 구합니다.

하나님, 이 세상의 물결에 휩쓸려 살아가는 우리를
긍휼히 여겨 주시옵소서.
더 많이 모으는 일에 인생을 걸었습니다.
더 많은 권력을 얻는 일에 모든 것을 걸었습니다.
더 가지려 하고, 더 얻으려 하며, 더 모으려 하였습니다.
그것이 진정한 지혜라 착각했습니다.
큰 것만이 좋아 보이고

많은 것만이 성공으로 보여
높은 것만 쳐다보고 올라가며
손을 뻗고 움켜쥐었습니다.

하지만 우리의 마음은
여전히 타는 듯한 갈증으로 목이 말랐습니다.
우리 속에서는 썩은 냄새가
우리의 입과 행동을 타고 올라오곤 하였습니다.
바닷물은 아무리 마셔도 갈증이 사라지지 않는데
아무리 먹어도 목마른 바닷물을 마셨습니다.
아무리 먹어도 배고픈 허상과 허공만을 삼켰습니다.

하나님, 지난날의 우리의 모습을 돌아보며 회개합니다.
양식 아닌 썩을 것을 위하여 수고한
우리의 헛된 손을 긍휼히 여겨 주시옵소서.
분주한 마음으로 살았습니다.
하지만 바쁘기만 할 뿐, 충만함이 없었습니다.
하나님은 깊고 충만한 사랑 가운데 계시지만,
우리의 마음에는 정함도 없고 깊음도 없습니다.

하나님,
우리의 탁한 마음을 정하게 하여 주시옵소서.
우리의 잘못된 손과 발의 자취를
그리스도의 보혈로 깨끗이 씻어 주시옵소서.

참회기도문 10

자비로우신 하나님!
주님 앞에 나올 때마다 늘 우리는 죄인입니다.
우리의 본성은 주님을 떠나고자 하며,
우리의 욕망은 늘 주님의 명령을 거스르곤 합니다.
하나님은 우리를 향하여 다가오시지만,
우리는 늘 주님을 피하고자 합니다.
우리는 교만하여 하나님이 없는 것처럼 살고자 합니다.
자신의 마음대로 살면서 그것을 자유라 부르며
하나님을 떠난 방종의 삶을 살고자 합니다.
하나님, 우리의 허물과 죄를 용서하여 주시옵소서.

생수의 근원을 찾지 않은 채
늘 목말라하는 우리들입니다.
주님께서 생명의 주가 되심을 알면서도

주님 앞으로 나오지 않는 우리들입니다.
헛된 세상의 것들을 마구 주워먹느라
거드름과 게으름의 배는 불룩 나왔지만,
진정 건강한 것을 먹지 못하여
몸도, 마음도, 영도 정결하지 못한
우리들입니다.
하나님, 우리를 긍휼히 여겨 주시옵소서.

하나님께서 각자에게 꼭 맞는 귀한 것들을 주셨지만,
우리는 늘 남의 것을 탐내며
더 가지려 하며
부족하다고 불평하는
한없이 철없는 존재들입니다.
주님께서 주신 단 한 번의 삶을 충만하게 살아 내지 못한 채,
주변을 맴돌며 존재하지 못하는 존재로 살아가는 우리를
불쌍히 여겨 주시옵소서.
우리의 교만과 게으름과 분냄과 분열과 사랑 없음을 슬퍼합니다.
주님의 보혈로 우리의 죄를 씻으시고
우리를 다시 새롭게, 정결하게 하여 주시옵소서.

참회기도문 11

긍휼이 많으신 사랑의 하나님!
주일을 맞이할 때마다 주님 앞에 새로운 결단을 하곤 합니다.
그러나 한 주가 지나고 다시 주님 앞에 설 때면,
어느덧 모두 잊고 무디어졌음을 확인하며 슬퍼합니다.
참으로 나약한 인간임을 다시 깨닫습니다.

하나님,
주님께로 더욱 가까이 가고자 하오나
세상을 향한 우리의 욕망이
주님께로 나아가는 길목을 늘 막아서곤 합니다.
세상으로 나아가면
더 좋은 것이 있을 것 같고
더 먹음직한 것들이 있는 것 같아서
우리의 눈은 세상의 것들을 살피느라 늘 피곤합니다.

어디로 가고 있는지도 모르면서,
언제 나의 인생이 끝날지도 모르면서
그저 군중과 무리의 틈에 끼여
세상의 흐름에 따라
흘러가고 따라가는 우리의 인생을,
주님, 불쌍히 여겨 주시옵소서.

하늘을 향한 길, 하나님께로 나아가는 유일한 길,
그 십자가를 주목하게 하시고,
주님께서 이루신 생명의 길을 향하여
나아가게 하옵소서.

올바른 방향을 알지 못한 채
달려가기만 하는 무지함으로부터 벗어나게 하여 주시옵소서.
거짓을 말한 죄, 속여서 빼앗은 죄,
방탕한 삶으로 우리 자신을 더럽힌 죄를 회개합니다.
거룩하신 주님의 보혈로
우리의 죄를 사하여 주시옵소서.

참회기도문

12

자비로우시고 궁휼이 많으신 하나님!
거룩한 주일, 주님의 이름을 부르며
마땅히 기쁘게 찬송해야 할 귀한 날에
우리는 하나님을 향한 찬양과 감사보다는
주위에 드리워 있는 어두운 그림자를 보며
불안한 마음과 두려움으로 이날을 맞고 있습니다.

앞을 내다볼 수 없는 삶의 현실로 인해
우왕좌왕하는 우리를 불쌍히 여겨 주시옵소서.
우리의 흩어진 정신과 어수선한 마음으로는
주님 앞으로 나아갈 수 없음을 잘 알고 있습니다.
상황에 마음을 빼앗겨 주님께로 향하지 못하는
우리의 믿음 없음을 용서하여 주시옵소서.

하나님, 돌이켜 보니,
지난날도 하나님의 마음에 합당한 삶을 살아 내지 못하였습니다.
하나님께서 우리에게 엄청난 것들을 주셨지만,
우리는 게으르고 나태하여
하나님께서 원하시는 일을 이루지 못하였습니다.
우리에게 주신 소명도 제대로 수행하지 못하였으며,
하나님의 영광을 위한 의의 열매도 맺지 못하였습니다.
인간의 정욕과 어리석음, 더러운 욕망과 거짓의 영들에게
속절없이 무너져 내린 우리의 모습을 보며 주님 앞에서 회개합니다.
다른 이들이 가진 것을 부러워하며
하나님께 불평하였던 것을 또한 회개합니다.
주님께서 우리에게 자로 재어 주신 기업과 유산들을
감사한 마음으로 가꾸고 돌보지 못한 우리를 용서하여 주시옵소서.

못된 말과 거짓된 주장으로 사람들에게 상처를 준 것을 회개합니다.
참지 못하고 내 감정대로 행하여 사람들의 마음을 아프게 하고
하나님의 의를 드러내지 못한 것을 회개합니다.
무엇보다 나에게 주신 귀한 시간들을 허비한 것을 회개합니다.

참회기도문 13

자비로우신 하나님!
돌아온 탕자와 같은 우리를 큰 펴신 팔로 맞아 주시는 사랑의 주님,
세상 속에 살던 주님의 자녀들이
지친 몸과 마음으로 주님 앞으로 나왔습니다.
자유를 얻기 위해 떠난 길이었습니다.
행복을 찾는다고 떠난 길이었습니다.
부요함과 풍요를 기대하며 떠난 길이었습니다.

하지만
그곳에서 처량한 우리의 모습을 보았고,
곤고와 슬픔과 외로움을 경험하며,
죄와 죽음이 가진 마지막 힘을 보았습니다.
주님께로 방향을 돌이키기까지
주님께로 돌아오기까지

우리에게는 진정한 위로와 행복이 없었습니다.

추하고 허물 많은 우리를 받아 주시고 안아 주시는 하나님,
우리의 뉘우침이 오늘 더욱 분명하기를 원하고
우리의 회개가 더욱 진실되기를 원하며,
지난 시간 우리의 모습과 우리의 삶을 돌아봅니다.

먼저, 주님의 말씀을 따라 살지 못한 우리를 용서하여 주시옵소서.
헛된 말과 행동으로 믿는 자답게 살지 못하였습니다.
우리를 불쌍히 여겨 주시옵소서.
세상의 힘과 권력에 휘둘리며 살았던 것을 회개합니다.
나의 본능이 이끄는 대로 하나님을 멀리하며 살아온
우리를 용서하여 주시옵소서.

이 시간, 지친 몸으로, 병든 몸으로 나와
주님 앞에서 간절히 뉘우치며 기도하는 우리의 기도를,
주님, 들어주시옵소서.
우리의 죄를 거룩하신 주님의 보혈로 도말하여 주시며,
우리의 연약함을 주님의 생명과 강함으로 채워 주시옵소서.

참회기도문 14

자비로우시며 긍휼이 많으신 하나님!
세계 곳곳이 전쟁의 참상으로 피로 물들어 가는 이때,
무거운 마음으로 예배의 자리로 나왔습니다.
이 땅도 그렇게 고통을 당한 적이 있었기에,
약한 민족의 설움을 너무나 잘 알기에
두려움과 공포에 떨고 있는 백성들을 위해 기도합니다.

하나님, 가인이 아벨을 죽인 때부터
이 땅에는 전쟁과 살인이 끊이지 않았습니다.
더 얻으려는 욕심과 더 차지하려는 욕망은
인간의 깊은 곳에 숨겨진 죄악의 또 다른 모습일 뿐입니다.
늘 죄악으로만 치닫는 사람들,
적의를 가지고 약한 이들을 죽이는 이들을 심판하여 주시옵소서.

하오나 주님, 우리가 누구를 탓하겠습니까?
이러한 마음이 우리의 마음속 깊은 곳에도 있음을 봅니다.
주님, 우리가 죄악 가운데 태어났기 때문입니다.
우리를 위해 이 땅에 오시어 십자가를 지시고
우리를 대신하여 죽으신 주님이
우리에게 평화를 말씀하시며 용서를 말씀하시기에
오늘도 우리가 이 자리에서 주님의 이름을 부를 수 있습니다.

주님, 싸움과 전투를 끊지 못하는 우리를 불쌍히 여겨 주시옵소서.
생명을 나누고 살리는 일에 자신의 힘을 사용하지 아니하고,
생명을 죽이고 혼란을 만들며 자신의 이익만을 위해 사용한
우리의 모습을 회개하오니 용서하여 주시옵소서.
강대국 앞에 열세한 나라들을 지켜보면서
우리는 과연 이 나라 대한민국을
열강들의 틈에서 굳게 지켜 낼 수 있는지 생각합니다.

나라를 위해 우리 믿는 이들이 기도하지 못한 것을 회개하오니,
주님, 용서하여 주시옵소서.
나라를 위해 일해야 할 사람들이,
안위만을 좇으며 나라와 민족의 운명에 대해
무관심하였던 것을 회개하오니 용서하여 주시옵소서.
무엇보다 포격과 총성으로 두려워하는 사람들에게
어떠한 도움도 주지 못하고
그저 보고만 있는 우리를 용서하여 주시옵소서.

참회기도문 15

하나님, 우리나라뿐만 아니라 전 세계에서 동시다발적으로 발생한
산불로 많은 피해가 발생한 가운데,
하나님의 백성들이 주님께 예배하고자 함께 모였습니다.
쉽게 잡힐 것 같았던 불길이 잡히지 않아
너무나도 큰 면적의 땅이 그만 화마의 상처를 입고 말았습니다.
눈물을 흘리며 안타까워하는 사람들에게
하나님의 위로를 내려 주시옵소서.

거룩하신 하나님, 작은 불꽃 하나가 큰 불로 이어지고,
모든 것을 태우는 것을 보면서 우리의 삶을 돌아봅니다.
악한 지도자 한 사람의 잘못된 판단이 불씨가 되어
국민이 사지에 몰리는 형국을 바라보면서,
혹시 나의 잘못된 행동이 사람들에게 아픔을 주거나
고통을 주지는 않았는지 곰곰이 지나온 길을 돌아봅니다.

누군가에게 잘못한 일이 있었다면 나의 죄를 용서하여 주시고,
나로 인해 고통받은 이들의 마음을 치유하여 주시옵소서.
혀는 곧 불이라 하신 주님의 말씀을 기억합니다.
우리가 우리의 혀를 잘못 사용해서 죄를 지었다면,
우리의 죄악을 바르게 볼 수 있도록 우리의 눈을 열어 주시고,
속히 회개케 하여 주시옵소서.
하나님, 나의 말로 다른 이에게 상처를 주고 미혹한 일이 있다면,
용서하여 주시옵소서.
나로 인하여 상처를 받은 이들을 주님께서 위로하여 주시고,
그들의 마음에 평안을 회복의 선물로 내려 주시옵소서.

사랑이 많으신 하나님, 세상은 온통 거짓과 술수가 가득합니다.
이기기 위해서, 더 높은 곳에 오르기 위해서, 더 큰 힘을 갖기 원해서
거짓을 진실처럼 말하며, 사실을 호도합니다.
거짓과 술수로 국민을 현혹하는 이들이 너무 많습니다.
우리가 이러한 악한 이들의 길을 따라가지 않았는지 돌아보며
주님께 회개합니다.

하나님, 악에 치우쳐서
도무지 주님의 뜻을 따라 살지 못한 우리를 용서하여 주시옵소서.
약한 이들을 힘으로 눌러,
그들을 억울하고 서럽게 했던 것을 회개합니다.
전 세계, 전 지구의 참혹한 살상을 그대로 보고만 있는
우리의 지혜 없음과 용기 없음을 용서하여 주시옵소서.

참회기도문 16

긍휼과 자비로 우리를 살피시는 하나님!
주인을 알아보지 못하는 종과 같고,
아버지를 떠나 방탕한 길로 나선 탕자와 같은 우리를
오늘도 사랑으로 모으시는 주님,
주님의 백성들이 더러워진 몸과 상처 난 마음으로
주님 앞으로 나왔습니다.
주님께 나오기에는 너무나도 악하고 모자라고 더럽지만
주님의 보혈로 우리를 깨끗이 씻어 주실 것을 믿고,
부족한 모습 이대로 나왔습니다.

욕망을 따라 살았습니다.
거짓말과 악한 말, 헛된 말, 상처를 주는 말,
쓸데없는 말을 하며 살았습니다.
어떤 이에게는 못된 짓도 하였습니다.

때로는 교만한 태도로 남을 무시하기도 하였습니다.
내 안에 있는 분노를 드러내며 싸우기도 했습니다.
하나님, 분명 주님께서 내 안에 계셔야 했는데,
아니 주님께서 내 안에 들어오시기 위하여
애타게 문을 두드리고 계셨는데
우리는 주님을 내 안에 모시어 들이지 못하였습니다.

때로는 나의 확신이, 나의 신념이 너무 강하여
하나님께서 들어오실 자리를 만들지 못하고,
옆에 있는 이웃들을 살필 자리를 만들지 못한 것은 아닌지,
우리의 지난 삶을 돌아봅니다.
나와 생각이 다른 이들을 용납하지 못한 것,
편을 가르고 나누며,
나와 함께하지 않는 이들을 욕하고 저주하고 무시하며,
존중하지 않았던 것을 용서하여 주시옵소서.

하나님, 이제 우리에게 하나님을 의뢰하는 마음을
더욱 깊게 하여 주시옵소서.
나라를 걱정하는 마음이 분노로 나타나지 않게 하시고,
간절한 기도로 덧입혀지게 하여 주시옵소서.

참회기도문
17

사랑이 풍성하신 하나님 아버지!
감염병이 번져 가고 있는 가운데
거룩한 주일을 맞아 주님의 자녀들이
예배의 자리에 모였습니다.
백신을 맞고 마스크를 쓰며
늘 손과 주변을 소독하며 조심하였지만,
눈덩이처럼 계속 불어나는 감염병 환자들을 보면서
전염병의 무서움과 우리 인간의 연약함을 다시 보게 됩니다.

어찌 감염병뿐이겠습니까?
아담과 하와 이후로
죄악의 바이러스는 늘 우리를 비참하게 만들고 무너뜨려 왔습니다.
세례도 받고 성찬도 받으며
주일마다 주님 앞에 나와 예배도 드리고

새벽마다 말씀을 사모하며 기도도 하였습니다.
하지만 우리는 너무 쉽게 죄악에 감염되어
영혼이 파리해져 가는 참으로 비참한 존재입니다.

하나님, 온 세상을 뒤덮고 있는 감염병처럼
하나님을 인정하지 않고,
하나님의 사랑을 거부하며,
자신이 모든 것을 할 수 있을 것처럼 생각하는
자만과 교만의 바이러스가 우리 안에 있습니다.
결국은 흙으로 돌아갈 인생임에도
영원히 살 것처럼 죽음도 잊고,
죽음 후에 있을 하나님의 심판도 잊은 채 살아가는
우리를 불쌍히 여겨 주시옵소서.
인간을 마구 무참히 살해하면서도
평화라는 단어를 말하는 인간의 뻔뻔함과 잔인함이
바로 우리의 죄악된 모습입니다.
나만을 생각하며, 나의 관점에서만 모든 것을 바라보며,
약자도, 작은 자도 모두 나를 위한 도구로 생각하며 살아온
우리를 용서하여 주시옵소서.

오늘도 마음을 오롯이 주님께로 향하지 못하고,
그저 버릇처럼 주님의 이름만을 부르고 있는,
영혼 없이 예배의 자리에 나온 우리를 용서하여 주시옵소서.

참회기도문 18

모든 것이 제자리에 있기를 원하시며,
멀리 동구 밖을 내다보며
집을 나간 아들이 돌아오기를 기다리는 아버지처럼
우리를 기다리고 계시는 하나님!
주님의 자녀들이,
거친 세상에서 힘들고 어려운 시간을 보내며 살다가
주님의 품으로 나왔습니다.
우리를 선대하시는 하나님,
버림받아도 마땅한 우리를 버리지 않으시고, 포기하지 않으시고,
넓은 팔로 안아 주시니 감사합니다.

풍요를 얻고 행복을 찾고자 세상으로 나갔습니다.
하지만 우리는 그곳에서 길을 잃었습니다.
양식도 없고 물도 없는 팍팍한 광야의 길을 걸었습니다.

때로 주님을 원망했지만 돌이켜 생각하니
우리의 죄 때문이었고, 우리의 잘못 때문이었습니다.

지난날, 우리가 고통과 절망과 아픔과 슬픔 속에서
방향을 잃고 광야를 헤매고 있을 때
우리를 지켜 주시고 바른길로 인도하신 하나님,
주님의 자녀들이 주님의 도우심과 용서하심을 구하며
이 자리에 있습니다.

먼저, 우리의 잘못과 허물을 용서하여 주시옵소서.
주님을 멀리 떠나 세상 것에 집착하며,
늘 높아지려 하고 더 가지려 한 허물을 용서하여 주시옵소서.
조금만 어려워도 불평하고 비난하며
하나님을 모른다고 한 죄악을 또한 용서하여 주시옵소서.
어려운 이웃들을 바라보면서도 먼저 나의 살 것만을 생각하며,
힘든 이웃들의 삶을 살펴보지 못한 것을 회개합니다.
주님, 용서하여 주시옵소서.
주님께서 주신 귀한 말씀들을 멀리하고,
내 마음껏 죄 가운데 살았던 허물을 용서하여 주시옵소서.

내가 정말 하나님의 나라를 사모하며
그 나라를 향하여 나아가고 있는지 돌아봅니다.
세상의 나라, 세상의 셈법을 익히는 데만 몰두하고 있는
믿음 없음을 용서하여 주시옵소서.

참회기도문 19

용서의 하나님!
주님 앞에 나와 머리를 숙입니다.
지나온 길, 우리의 추한 모습을 하나씩 생각하며 주님께 기도합니다.
주님 앞에 나올 때마다 거듭거듭 참회해야 하는
우리를 불쌍히 여겨 주시옵소서.

하나님,
선을 행하고자 하는 마음은 있었으나, 선을 이루지 못하였습니다.
주님의 말씀대로 살기 원하였으나, 말씀대로 살아 내지 못하였습니다.
바르게 살기 원하였지만 무엇이 옳은지도 판단하지 못한 채,
혼란과 무기력함 가운데서 방황하며 살았습니다.

하나님의 은혜 가운데서 살고 있으면서도
깨닫지 못하고 감사하지 못하여,

항상 원망과 불평 속에서 살아온 것을 회개합니다.
분에 넘치도록 크신 하나님의 따뜻한 손길을 경험하고서도
하나님을 믿지 못하고 늘 불안해하며
두려움 속에서 살아온 것을 용서하여 주시옵소서.

주님은 우리가 빛 가운데서 살아가기를 원하시지만
우리는 어둠을 좋아하여 그곳에 머물러 있으며,
마음 한쪽에서는 하나님의 뜻을 따라 살기를 원하면서도
실상은 세상의 것에 마음을 쓰며,
세상 것을 사랑하고 세상 것에 기울어
세상 죄악에 빠질 때가 있습니다.
주님, 용서하여 주시옵소서.

때로 우리는 자신이 피해자인 것처럼 착각할 때가 있습니다.
하지만 나 때문에 어려움을 당하고
마음이 힘든 사람들이 있음을 깨닫습니다.
주님, 우리를 용서하여 주시옵소서.
나의 이기적인 생각 때문에 공의를 이루지 못하였습니다.
주님, 이 시간 주님께 고백하는 우리의 모든 기도를 들으시고
은혜를 베푸시고, 용서하시며
우리를 모든 악에서 구하여 주시옵소서.

참회기도문 20

거룩하신 하나님!
주님 앞에 스스로 설 수 있는 사람이 어디 있겠습니까?
뼛속까지도, 마음속 깊은 곳까지도 통찰하시는 하나님,
누구도 주님 앞에서 그 행위나 생각을 자랑할 수 없으나
크신 은혜로 우리를 용서하여 주시고 받아 주시니 감사합니다.

하나님, 오늘도 주님의 은혜의 손에 이끌리어 주님 앞으로 나왔습니다.
마음조차 하나님을 향하지 못하는 우리의 본성을 아시는 주님께서
우리를 손잡아 이곳까지 이끌어 주시니, 참으로 감사합니다.

허물이 크고 어리석은 우리를 이 자리에 있게 하신 것은
하나님께서 우리를 사랑하시는 증거인 줄 믿습니다.
우리로 하여금 주님을 찬송할 수 있게 하신 것은
하나님께서 우리를 향하여 큰 뜻을 가지고 계심인 줄 또한 믿습니다.

하나님,
죄인이오나 우리를 받아 주시고,
허물이 크오나 우리를 고쳐 주시며,
부족함이 많으나, 주님, 우리를 거룩함으로 채워 주시옵소서.

주신 은혜가 크지만, 늘 불평하며 살아가는 우리를
용서하여 주시옵소서.
주신 것이 많지만, 늘 부족하다고 원망하는 우리를
긍휼히 여겨 주시옵소서.
우리는 주님께서 우리에게 맡겨 주신 일들을
정성껏 감당해 내지 못한 청지기입니다.
맡기신 달란트를 제대로 사용하지 못하고
땅에 묻어 둔 게으른 종입니다.
주님, 우리를 용서하여 주시옵소서.

주님께서 큰 스승이 되셔서 우리에게 믿음의 길을 가르쳐 주셨지만,
우리는 주님의 말씀을 따르지 아니하고 그 길을 걷지 않음으로
하나님의 마음을 아프게 하였음을 고백합니다.
주님, 우리의 죄를 용서하여 주시옵소서.
오늘도 우리를 주님의 거룩하신 은총으로 채워 주시옵소서.

참회기도문
21

사랑의 하나님!
어렵고 힘든 삶을 살다가 주님의 품으로 나왔습니다.
잘 살았기 때문이 아닙니다.
큰 성과를 거두었기 때문도 아닙니다.
자랑할 만한 것 하나 없이 온통 부족한 것뿐이지만,
예수 그리스도의 보혈을 의지하여
자비로우신 하나님께 은혜를 구하며 주님께로 나왔습니다.
오늘도 부족한 모습의 우리를 받아 주시고
자비로운 손길로 하늘의 은혜를 내려 주시옵소서.

악한 계획을 세우는 자들과 함께하였던 것을 회개합니다.
잘못된 자리에 앉아 있었던 것을 회개합니다.
미워하는 감정을 가지고 분노와 원망하는 태도로 살았던 것을
후회합니다.

더 값진 일에 헌신하지 못하였고,
그저 욕망이 흐르는 곳에 마음과 생각을 두었습니다.
가족들과 더 깊이 사랑하지 못한 것,
사랑하는 가족들의 마음에 상처를 주었던 것을 회개합니다.
더 크고 더 놀라운 하나님의 뜻과 질서를
내 생각 안에 가두려 한
우리의 편협함을 용서하여 주시옵소서.

남의 눈에 있는 티는 보면서도
내 눈 속의 들보를 보지 못하는 우리들입니다.
나를 중심으로 구조화된
우리의 이기심을 용서하여 주시옵소서.
게으름과 나태함으로
시간을 낭비한 죄를 용서하여 주시옵소서.
믿는다면서도 바르게 믿지 못하였고,
도리어 의심하며 살았습니다.
주님, 우리를 불쌍히 여겨 주시옵소서.

참회기도문 22

사랑의 하나님!
부족한 우리를 용납하여 주시고,
거룩한 주일에 주님 앞에 나와
예배할 수 있게 하시니 감사합니다.
주님 앞에 설 때마다 우리는 늘 죄책감으로 부끄럽습니다.

하나님, 우리는 이미 주님의 말씀을 많이 들어 알고 있고,
여러 번 신실한 마음으로 신앙을 고백해 왔지만,
믿는 바대로 살지 못하고 배운 바대로 살지 못하였으며,
아는 만큼 우리의 삶을 바르게 살아 내지 못하였습니다.
도리어 말씀을 거슬러 살아왔으며 욕망을 따라 살아왔음을
주님 앞에서 고백하지 않을 수 없습니다.
주님, 우리를 불쌍히 여겨 주시옵소서.

주님의 은혜로 살아야 하는 우리가
우리의 능력과 힘만으로 살고자 하였고,
믿음으로 살아야 하는 우리가
하나님을 향한 불만과 불신앙으로 살았고,
신앙 안에서 살아야 할 우리가
세상의 걱정과 두려움 속에서 살아왔음을 자복하며 회개합니다.
주님께서는 우리에게 참된 생명을 주시고,
참된 자유를 선물로 주셨지만,
우리는 또다시 스스로 올무에 매이고
주님께서 주신 생명을 잘 가꾸지 못하여
고통 속에서 신음하곤 합니다.

주님, 우리의 게으름과 나태함,
그리고 악한 생각과 마음을 다스려 주시옵소서.
욕심을 내어 불행한 인생이 아니라
주님 안에서 만족함으로 평안한 인생이 되길 원하오니,
우리의 욕망과 욕심을 내려놓게 하시고,
주님께서 주시는 참된 평안을 얻을 수 있도록
인도하여 주시옵소서.
너무 많은 말을 한 것은 아닌지 돌아보며 회개합니다.
사람에게 말로 상처를 주었던 것,
믿음 없이 했던 말들을 회개합니다.
침묵해야 할 때 침묵하지 못하였던 것을 또한 회개합니다.
우리를 불쌍히 여겨 주시옵소서.

참회기도문 23

사랑이 한이 없으신 아버지 하나님!
늘 우리를 용납하여 주시고 받아 주시는 주님,
오늘도 이끌어 주셔서 주님께로 나와 예배하며 찬송합니다.
세상의 소리가 그치고, 인간의 언어가 사라지고
하나님을 향한 노래와 언어가 울려 퍼지는 이 예배의 자리,
우리의 입으로 주님을 찬양하게 하시며
영으로 기도하게 하시니 감사합니다.
찬송을 부를 때마다 감격스럽고, 주님께 기도할 때마다 감사하지만
우리를 돌아볼 때면, 부끄럽고 죄송하기 그지없습니다.

하나님, 짧은 한 주간을 보내면서도
우리는 완전함을 지킬 수 없었습니다.
알면서 또는 모르는 중에,
때로는 어쩔 수 없는 상황이라는 핑계로,

때로는 주의하지 않아서,
이런저런 많은 죄를 범하고 말았습니다.
하나님, 우리를 용서하여 주시옵소서.

우리의 더러워진 손을 씻어 주시옵소서.
우리의 흐려진 눈을 고쳐 주시옵소서.
주님, 우리가 잘못 걸었던 길을 다시 밟지 않게 하시고,
그 길에서 묻은 더러운 흔적들을 주님의 보혈로 씻어 주시옵소서.

주님께서 내려 주신 성령의 뜻을 거슬러 살았던
우리의 죄를 용서하여 주시옵소서.
성령의 열매를 귀하게 여기지 아니하고
자기 마음대로 욕망을 좇아 살아온 우리를 불쌍히 여겨 주시옵소서.
신앙생활을 오래 해 왔지만 성령을 알지 못하고,
세상적인 생각과 욕심으로 성령님을 구하지 않으며 살아온
우리를 용서하여 주시옵소서.

이기적인 생각으로 하나님의 일을 가로막고,
세속적인 생각으로 주님의 뜻을 실천하지 못하고 살아온
우리를 용서하여 주시옵소서.

참회기도문 24

사랑과 자비가 풍성하신 하나님!
허물이 많고 부족한 우리를
오늘도 찾으시고, 부르시며, 받아 주시니 감사합니다.
죄로 가득한 우리들인데,
주님께서는 우리를 위하여
그리스도를 십자가에 내어놓으시고,
값비싼 희생을 치르셨습니다.
그럼에도 우리는 여전히 하나님 나라에 적합하지 않은
허물 많은 죄인들입니다.
감히 주님 앞에 설 자격이 없사오나,
주님의 보혈을 의지하여 주님 앞으로 나아가오니,
우리를 불쌍히 여겨 주시옵소서.

우리가 뿌려 놓은 말의 씨앗들이

어디에 뿌려져서 무엇을 만들어 내었을까,
회개하는 마음으로 돌아봅니다.
불신앙의 말들, 경멸의 말들, 부정의 말들,
속임의 말들, 교만한 말들로
사람들의 마음을 아프게 하고,
세상을 어지럽게 한 것을 용서하여 주시옵소서.
주님의 말씀을 따라 살지 못한 죄,
주님 앞에서 한 약속을 지키지 못한 죄,
나의 죄가 무엇인지도 모른 채, 무감각하게 살았던 무지함의 죄를
주님 앞에 고백합니다.
우리를 용서하여 주시옵소서.

또한 우리가 얼마나 이 민족을 사랑하였는지,
이 나라를 위해 헌신하였는지
다시 돌아봅니다.
나만 잘살겠다는 생각으로 이기적으로 살아온 것은 아닌지
회개하는 마음으로 돌아봅니다.
주님, 우리의 허물을 용서하여 주시옵소서.

하나님의 말씀을 배우고 듣고 깨달은 것을 실천하지 않은 죄,
성령을 통한 하나님의 놀라우신 역사하심을 방해한 죄가
우리 앞에 있습니다.
우리를 불쌍히 여겨 주시옵소서.

**참회기도문
25**

사랑의 하나님!
우리를 부족하다 아니하시고 사랑으로 불러 주시는 주님,
죄로 가득하지만, 그리스도의 보혈을 기억하사,
흠이 없는 자처럼 오늘도 우리를 받아 주시고,
안아 주시는 주님께 영광과 찬송을 올려 드립니다.

지난 한 주간, 번잡한 세상 속에서도 평안히 지내게 하시고,
모든 위험한 일 가운데서도 우리를 안전히 지켜 주신 하나님,
주님께서는 늘 우리에게 사랑으로 다가오시지만,
우리는 어리석은 양과 같아서 늘 주님을 멀리하고
주님의 뜻을 따라가지 않으려 하는 죄의 속성으로 가득 차 있습니다.

주님의 마음을 아프게 하는 우리를 용서하여 주시옵소서.
주님 앞에 나올 때마다 참회하며,

주님의 전에 들어올 때마다 두려운 마음으로 자신을 돌아보아야 하는
우리를 긍휼히 여겨 주시옵소서.

우리는 주님을 믿는다고 하면서도 세상 속에서 작아지고,
불안과 공포에 사로잡혀 힘들어할 때가 많습니다.
주님, 근심과 걱정에서 헤어 나오지 못하고,
온전히 주님을 믿고 의지하지 못하는 우리를
불쌍히 여겨 주시옵소서.

내가 가지고 있는 것이 대단한 것인 양
으스대며 교만하게 살아가는 우리를 용서하여 주시옵소서.
늘 용서를 구해야 하며,
늘 용서를 받아야 살 수 있는 우리가,
다른 이를 용서하지 아니하고 받아들이지 못하였습니다.
주님, 우리의 무지와 뻔뻔함을 용서하여 주시옵소서.

주님의 일을 한다고 하면서도 주님을 생각하지 아니하고,
나의 명예와 나의 생각에만 고착되어 다른 이를 정죄하는 우리를,
주님, 용서하여 주시옵소서.
하나님, 우리의 모든 부족과 교만과 불신앙을 용서하여 주시옵소서.

참회기도문 26

사랑의 하나님!
오늘도 흠이 많고 죄가 큰 우리들이 주님 앞으로 나왔습니다.
우리 안에는 주님 앞에 나올 만한 어떤 자격도 근거도 없지만,
주님께서 우리를 부르시고 기다리시기에
주님의 부르심을 힘입어 주님 앞으로 나왔습니다.
우리를 위해 아들을 이 땅에 보내 주시고,
십자가의 죽음을 통해 우리의 죄를 속하여 주신
하나님께 영광과 존귀를 올려 드립니다.

하나님, 주님의 자녀로 부르심을 받은 우리들,
은혜를 받아 누리는 우리들이
이 세상에 살면서 주님의 뜻을 이루지 못하고
주님의 마음에 아픔을 드린 것을
이 시간에 기억하며 회개합니다.

사랑하라 말씀하신 그 명령을 따르지 못하였고,
용서하라 말씀하신 그 권면을 따르지 못하였습니다.
세상의 힘에 휩쓸려, 증오와 분노와 모함과 거짓으로
지난 한 주간을 살아온 우리를 용서하여 주시옵소서.

살려 주시는 하나님의 은혜를 경험하고서도
제단 앞에서 서로 죽이려 달려드는
우리의 무모함과 철없음을 용서하여 주시옵소서.

하나님,
어려운 일 당할 때, 주님을 믿지 못하여 불안해하고,
세상의 방법으로 해결하려고 우왕좌왕한
우리를 용서하여 주시옵소서.
주님을 섬길 때 기쁨으로 주님께 나아가지 못하고,
서로 분열된 모습으로 주님의 마음을 아프시게 한
우리를 용서하여 주시옵소서.

하루하루 주신 귀한 시간들을 알차게 살아 내지 못하고,
주신 기회를 놓친 우리의 미련함과 게으름을 용서하여 주시옵소서.
주님, 이 시간 우리의 모든 허물과 죄를
주님의 보혈로 도말하여 주시옵소서.

참회기도문 27

사랑의 하나님!
세상살이에 지쳐 있는 우리를 불쌍히 여기시고
오늘도 우리를 주님의 전으로 불러 주시니 감사합니다.

만선의 기대를 안고 항해를 떠난 어부와 같이
큰 기대를 가지고 세상으로 나갔던 우리들이었습니다.
하지만 결국, 주님께로 돌아오는 이 순간,
우리 손에 들려진 것은 실패와 방황, 좌절과 아픔뿐입니다.

찢기고 부러진 돛대로,
큰 파도에 모든 것을 내던지고,
텅 빈 배로 돌아오는 어부처럼
오늘 우리의 모습은 한없이 처량하고 서럽습니다.
하나님, 우리를 불쌍히 여겨 주시옵소서.

하나님, 주님께서 주신 단 한 번의 삶을
풍성한 열매로 가득 채우지 못하고
온갖 상처와 아픈 흔적들로 채워 버린
실패한 인생을 불쌍히 여겨 주시옵소서.

주님께서 우리 배의 선장이 되어 주셨건만,
주님께 키를 맡기지 못한 채
내 힘과 내 능력만 의지하려다
절망의 자리에까지 이른 우리의 죄를 용서하여 주시옵소서.

이 세상의 마지막이 있음을 믿고,
나의 종말이 있음을 알면서도,
실상은 영원할 것처럼 착각하며,
방만하고 교만하게 살아온 우리를 불쌍히 여겨 주시옵소서.
주님께서 우리에게 허락하신 귀한 시간들을 낭비한 죄가
우리 앞에 있습니다.
우리의 모든 허물과 죄를 용서하여 주시옵소서.

주님의 용서함을 받은 우리들이 서로 용서하지 못하고 있으니,
이것이 부끄러운 우리의 고백이 되었습니다.
주님, 우리를 긍휼히 여겨 주시옵소서.

참회기도문 28

사랑의 하나님!
우리를 향하여 끝까지 기다려 주시고 참아 주시며,
용서해 주시고 받아 주시는 주님께 감사를 드립니다.
우리 자신을 돌아볼 때면 부끄러움뿐입니다.
늘 사랑스런 음성으로 우리를 불러 주시건만,
우리는 주님의 음성을 외면한 채 욕망을 따라 세상으로 나아갔고,
영원하고 가장 좋은 것으로 우리에게 주시기를 원하시건만,
우리는 순간적이며 물질적인 것을 따라 육신의 길로 나아갔습니다.

하나님,
우리 안에는 늘 정결하지 못한 불순물들이 많이 있어서
주님을 기쁘시게 해 드리지 못합니다.
우리 안에는 늘 세상의 걱정과 근심이 가득하여서
주님의 뜻을 이루지 못합니다.

하나님, 지난날의 죄와 잘못들을 돌아보며 회개하오니,
우리의 죄를 용서하여 주시옵소서.

우리의 마지막 시간이 다가오고 있음을 알면서도,
육신의 옷을 벗을 날이 가까이 오고 있음을 알면서도
여전히 썩어질 육체를 위하여 심고자 하며,
사라질 육신의 탐욕을 채우고자 하는
우리의 허망하고 덧없는 삶을 불쌍히 여겨 주시옵소서.

우리가 주님의 능력을 믿고,
주님께서 이루시는 놀라운 사건들을 보고 경험했음에도 불구하고
때마다 일마다 걱정하고 절망하는 우리의 믿음 없음을,
주님, 용서하여 주시옵소서.

주님께서 우리에게 원하시는 것은 샬롬이지만,
우리는 늘 자기주장과 싸움과 비난과 분노로
참된 평화를 이루지 못합니다.
하나님, 우리의 이기심과 독선을 용서하여 주시고,
이 땅에서 참된 평화에 이르는 길로 우리를 인도하여 주시옵소서.

참회기도문 29

사랑과 긍휼이 풍성하신 하나님!
거룩한 주님의 백성들이 은혜 가운데 살다가
다시 주님 앞으로 나왔습니다.
주님께로 나오기에는 늘 부족한 우리들인데
오늘도 주님 앞에서 찬송을 부르며 기도하니,
마음 한구석에 부끄러움이 있습니다.
하나님, 우리에게 많은 것을 주셨지만,
우리는 부족하다는 말로, 원망의 말로
하나님의 마음을 아프게 해 드렸습니다.
받은 것을 세며 주님께 감사하기보다는,
받은 것을 땅에 묻어 두고는
늘 부족하다, 더 달라, 다른 것을 달라 하며 주님을 괴롭게 하였습니다.
하나님, 우리의 죄악을 용서하여 주시옵소서.

주님께서는 우리를 보혈로 구속하시고,
죄와 사망의 노예에서 해방시켜 주셨건만,
구원의 은혜, 구속의 역사를 기억하지 못하고,
감사하지 못하며,
참 자유와 해방의 기쁨을 누리지 못하고
또다시 세상의 것에 매여 노예처럼 살아온 것을 용서하여 주시옵소서.

하나님께서 오래전 우리 민족에게 해방의 기쁨을 허락하시고
스스로 나라를 세우게 하셨건만,
이 나라가 하나님을 온전히 섬기지 못하고
헛된 이념과 사상을 받들며 살아온 것을 용서하여 주시옵소서.

빛을 사모한다 하면서도 어둠에 머물러 있기를 좋아하고,
신령한 것을 찾는다 하면서도
우리는 늘 세속에 머물러 있기를 원하였습니다.
주님의 거룩한 뜻이 이루어지기를 원하면서도
그 뜻을 역행하며 살아왔습니다.
가지고 있는 작은 힘과 지위를 가지고
다른 이를 억압하며 얽어매어 힘들게 하였습니다.
주님께 애통하는 마음으로 자복하며 회개하오니,
주님, 우리를 용서하여 주시고,
이 모든 허물과 죄에서 우리를 건져 주시옵소서.
십자가의 보혈로 우리를 용서하시고
참된 자유와 해방을 허락하여 주시옵소서.

참회기도문 30

사랑의 하나님!
늘 실수와 실패를 거듭하며 후회와 한탄으로 살아가는 우리를
다시 주님의 전으로 불러 주시고,
주님의 잃어버린 아들로, 딸로 받아 주시니 감사합니다.
우리는 늘 주님의 마음을 아프게 하고
근심과 걱정을 드리지만,
주님께서는 우리를 한 번도 포기하지 않으시고
끝까지 기다려 주시니
주님의 은혜가 한이 없습니다.

전쟁터에서 겨우 살아남은 군인처럼
악한 세상에서 이리저리 내몰리다가
초라한 모습으로 주님 앞에 섰습니다.
욕망의 노예가 되어 세상의 권력에 복종하며 살다가

지치고 헐벗은 모습으로 주님께로 나왔습니다.

주님께서 우리에게 베풀어 주신 것들이 참으로 많이 있었지만,
우리는 "조금만 더…, 조금만 더…"라고 하며
감사함과 평안함을 누리기보다는
초조함과 불만과 불평을 표출하며
하나님의 마음을 슬프게 하였습니다.
하나님, 탐욕으로 가득 찬 우리를 용서하여 주시옵소서.

열등감의 종이 되어 이 세상을 비뚤어진 시각으로 바라보며
사람들을 미워하고 분노와 성냄으로
때로는 무력감으로 하루하루를 살아온 우리를,
주님, 불쌍히 여겨 주시옵소서.

거짓을 말하고, 사람들을 선동하며
부끄러움을 느끼기보다는
도리어 희열을 느끼는 우리의 깊은 죄성을,
주님, 용서하여 주시옵소서.

하나님, 돌아온 탕자처럼, 오늘도 아버지의 사랑을 그리워하며,
슬픈 마음으로 주님의 이름을 부릅니다.
주님, 우리를 불쌍히 여기시어 용서하여 주시고,
우리를 회복시켜 주시옵소서.

참회기도문 31

자비로우신 하나님!
오늘도 주님 앞에서 부끄럽고 죄송할 뿐입니다.
개선장군처럼 승리의 소식을 가지고
주님 앞에 섰으면 좋았으련만
여전히 초라한 모습으로, 실패자의 모습으로
주님 앞에 나왔기 때문입니다.
주님께서 우리를 향해 보여 주신 사랑이 크기에
참아 주신 인내가 너무나도 감사하기에
부끄럽지 않은 모습으로 주님을 뵈옵길 원하였지만,
결국 실패자의 모습으로 주님 앞에 나온
우리를 불쌍히 여겨 주시옵소서.

짧은 일주일을 살았는데도 어찌 그리 많은 실수가 있었는지요?
부끄러운 일을 행하였고, 더러운 자리에도 있었습니다.

가치 없는 저속한 말도 하였고,
남을 무시하는 행동을 하거나 교만한 모습을 보여
사람들의 마음에 상처를 주기도 하였습니다.
불의와 타협하였고,
양심에 가책이 되는 일에 눈을 감기도 하였습니다.

하나님, 우리가 우리 자신을 돌아볼 때도
이렇게 죄가 크고 안타깝거든,
하나님께서 보시기에는 어떠하시겠습니까?
하나님께서 우리의 부족함을 불쌍히 여기시고,
거룩하신 주님의 보혈을 기억하사
우리의 모든 죄를 용서하여 주시옵소서.

하나님의 자녀라 말하면서도 자녀답게 살지 못해
주님의 영광을 가렸습니다.
하나님의 은혜를 찬송하기보다는 도리어 현실을 불평하며
우리를 지으신 하나님을 원망하였습니다.
주님의 크신 능력을 알고 고백하면서도,
늘 믿음 없이 낙심하며 고통 가운데 살았음을 회개합니다.

2부

우리를 회복시켜 주옵소서

참회기도문 01

사랑의 하나님, 험한 세상에서 힘겹게 살던 주님의 자녀들이
주님의 품으로 나왔습니다.
죄의 유혹으로 자주 넘어지는 우리지만,
오늘도 품어 주시고 안아 주시니 감사합니다.
하나님 아버지, 주님의 은혜를 생각하면 감사와 찬송이지만,
우리의 허물을 돌아보면 탄식과 두려움과 죄송한 마음뿐입니다.
우리의 허물과 죄를 용서하여 주시옵소서.

길지 않은 한 주간의 삶을 살면서도
여전히 주님 말씀대로 살지 못하고,
욕망과 욕심을 따라 살아온 우리를 불쌍히 여겨 주시옵소서.
하나님께서 보지 못하시는 곳이 있다고 생각하는 사람처럼
우리는 아래로, 밑으로 내려갔습니다.
주님의 낯을 피하여 내려갔던 요나처럼

우리도 주님의 낯을 피하여 살았던 것을 회개합니다.
주님을 따르겠다고 결단하였지만 그 결심을 지키지 못하였고,
도리어 세상으로 더 멀리 나간 우리를 용서하여 주시옵소서.
주님을 힘써 더 알아 가야겠다고 결심하였지만,
세속의 기쁨과 환락을 더 알고 맛보고자 하였던 것을
용서하여 주시옵소서.

하나님, 사랑해야 할 사람들을 미워한 것을 회개합니다.
못된 말로 서로 상처를 준 것을 회개합니다.
나쁜 생각을 품고 거짓말을 하거나 헛된 이익을 좇아
허망한 생각으로 살아온 것을 회개합니다.
감사해야 할 시간에 불평하였고,
사랑해야 할 시간에 증오하고 미워하였습니다.
믿음을 지키지 못하고 불신과 걱정, 의심과 불안 속에서 살았습니다.
주님, 우리의 죄악을 용서하여 주시옵소서.

다른 이의 눈에 있는 티는 보면서도,
내 눈 속의 들보는 보지 못하였습니다.
남을 비판하기에는 빨랐지만,
나 자신의 문제에 대해서는 관용하였습니다.
선한 일에는 게을렀고, 불의한 일에는 도리어 빨랐습니다.
하나님, 거룩하신 주 예수 그리스도의 보혈을 의지하며
모든 죄를 주님께 고백하오니,
우리의 죄를 용서하여 주시옵소서.

참회기도문 02

사랑의 하나님!
부끄러운 모습이지만 주님 앞으로 나왔습니다.
주님께서 나를 위해 흘리신 보혈을 믿음으로 의지하여
나의 부족함과 연약함, 죄악에도 불구하고
감히 주님의 이름을 부르며 주님을 찾습니다.

용서하시는 주님,
우리의 발은 진흙탕을 밟고 온 듯 더러움으로 가득합니다.
가지 않아야 할 곳을 다녔고
머물지 않아야 할 곳에 있었습니다.
주님께서 기뻐하지 않으실 곳들을 누비며
그곳에서 즐거움과 행복을 찾고자 하였습니다.

내 마음대로 사는 것이 더 좋아서 아버지를 찾지 않았고,

내 인생이니 내 마음대로 사는 것이 참 지혜라 생각하며,
아버지의 품에서 되도록 멀리 떠나고자 하였습니다.

하오나 주님, 우리의 향연과 잔치는 너무 짧았습니다.
모든 것은 바람에 날아간 듯 허공으로 사라지고,
우리의 몸과 마음과 영혼은 허무와 절망으로 채워졌습니다.

주님, 많은 것을 모은다고 열심히 살았으나,
다시 보니 썩어 냄새나는 것들뿐입니다.
열심히 산다고 하였지만 향방 없이 바쁠 뿐,
하나님께서 주신 고귀한 시간들을 제대로 살지 못하였습니다.

주님, 우리의 죄를 용서하여 주시옵소서.
주님의 말씀을 따라 살지 못한 우리를 불쌍히 여겨 주시옵소서.
늘 세상에 나가서 실패하고 돌아오는
탕자와 같은 우리를 긍휼히 여겨 주시옵소서.

오늘도 주님의 사랑과 자비를 의지하여
주님께 죄를 고백하며 용서를 구하오니
우리의 모든 죄를 주님의 보혈로 도말하여 주시옵소서.

참회기도문 03

사랑과 자비가 풍성하신 하나님!
주의 은혜 가운데 한 주간을 살고 성령의 손에 이끌리어
주님 앞으로 나왔습니다.
주님을 만나고자 하는 간절함으로 나왔사오니,
우리를 받아 주시옵소서.

이리저리 방황하며 살다가 길을 찾아 주님 앞에 나왔습니다.
세상의 흐름에 휩쓸려 살다가 인간답게 바르게 살기 원하여
주님께로 나왔습니다.
포로와 같이 죄의 종이 되어 살다가
참된 자유와 생명을 원하여 아버지께 나왔사오니
우리를 긍휼히 여기시고 품에 안아 주시옵소서.

하나님의 자녀로 불러 주셨건만

불효자식처럼 아버지의 뜻을 따르지 않았고
아버지의 마음에 근심을 드렸습니다.
마땅히 해야 할 일들을 하지 않은 채
늘 더 받으려 하고 더 얻으려 하였습니다.
기도할 때마다 부족하다 불평하였고,
욕심을 내어 내 것을 챙기느라 주변 사람들을 생각하지 않았습니다.
하나님, 우리의 죄를 용서하여 주시옵소서.

하나님께서 기뻐하시는 것을 구하기보다 내가 좋은 것을 구하며,
나 중심으로 살았던 우리의 미련함을 불쌍히 여겨 주시옵소서.
주님께 기도하며 주님으로부터 능력을 얻고 살아야 함에도,
게으름과 나태함으로 기도조차 멈추었던
우리의 죄를 용서하여 주시옵소서.

하나님, 우리의 믿음 없음을 불쌍히 여겨 주시옵소서.
우리에게 열매가 없음을 용서하여 주시옵소서.
늘 원망하며 주님을 향하여 교만한 마음으로 살아가는
우리를 긍휼히 여겨 주시옵소서.
오늘도 주님의 보혈을 의지하여 우리의 모든 죄를 주님께 아뢰오니
우리의 마음을 살펴보사
주님께 고하지 못하는 것까지도 들으시고
우리를 용서하여 주시옵소서.

참회기도문 04

사랑과 자비가 풍성하신 하나님!
낙엽이 떨어지는 가을을 맞으며 우리의 인생길을 돌아봅니다.
그토록 뜨겁고 힘들었던 여름은 가을의 열매를 준비함이었습니다.
어렵고 힘들었던 시간들이 결국 나를 겸손하게 하였고,
또 다른 연약한 이들을 생각하게 하였습니다.

돌아보니 힘들다고 어렵다고 주님께 불평하였던 것이 부끄럽습니다.
하나님께서 우리를 위해 일하고 계셨는데,
가장 좋은 것을 주기 위해 애쓰셨는데
우리에게는 믿음이 없었습니다.
주님, 우리를 용서하여 주시옵소서.

우리 안에 똬리를 틀고 있는 못된 자아를 봅니다.
주님을 따르고자 하는 나의 안에,

주님과 이웃을 사랑하고자 하는 나의 안에
미워하며 죄를 짓고 주님의 뜻을 거역하려는
또 다른 내가 있음을 보며,
애통하는 마음으로 주님께 기도합니다.
악을 행하려고 도리어 애쓰는 우리의 죄된 모습을
주님, 불쌍히 여겨 주시옵소서.

말이나 행동이 하나님께서 기뻐하실 만한 것이 되지 못하였고
사람들에게도 본이 되지 못하였습니다.
주님의 자녀답게 살지 못한 우리를 용서하여 주시옵소서.
이 시간 우리의 모든 허물과 죄를 들고 주님 앞으로 나아가오니,
주님의 보혈을 의지하여 기도하는
우리의 모든 회개를 들으시고 용서하여 주시옵소서.

참회기도문 05

긍휼과 사랑이 풍성하신 하나님!
단 하루도 주님의 도우심 없이는 살 수 없는 우리가
이 시간 주님 앞으로 나왔습니다.

지금까지 부족한 우리를 기다려 주시고 참아 주신 하나님,
우리의 공로를 가지고는 주님 앞으로 나아갈 길 없사오나,
주 예수 그리스도의 보혈을 의지하여 하나님 앞으로 나아가오니
우리를 불쌍히 여기시고 받아 주시옵소서.

우리 속에 있는 어두움과 의심,
부끄러운 것들과 더러운 것들을 주님께서 아십니다.
주님을 가까이 따르고자 하나,
우리 안의 못된 성품과 생각들이
늘 주님께 나아가는 것을 방해합니다.

간구하오니 주님께 나아가는 이 귀한 고백의 시간이
주님의 도우심 가운데 가장 진실하고, 순전하게 하여 주시옵소서.
우리 속에 숨겨진 모든 악한 것들을
주님 앞에 내어놓고 사하심을 받기 원합니다.

실로암 망대가 무너져 죽은 이들을 가리키시며,
그들의 죄가 더 많아서 죽은 것이 아니라
너희도 회개하지 않으면 이와 같으리라 하신
주님의 말씀을 마음에 다시 새깁니다.
끝없이 일어나는 전쟁과 사고와 사건들로
속절없이 희생되고 죽어 가는 사람들을 보면서
인간의 나약한 현실과 더불어
주님께서 우리를 향하여 말씀하시는 마지막 경고와 표징을 봅니다.

하나님, 죄의 삯은 사망이라 말씀하신 대로
우리는 죄로 인하여 죽을 운명임에도,
주 예수 그리스도의 십자가를 통하여
우리가 구원받은 자가 되었음을 감사합니다.
오늘도 이 믿음을 잃지 않고 살게 하여 주시옵소서.

우리의 길을 돌아보고 주님 앞에서 회개하며
주님의 용서를 간구합니다.
말로, 생각으로, 행동으로 지은
우리의 모든 죄를 용서하여 주시옵소서.

참회기도문
06

사랑과 자비가 풍성하신 하나님 아버지!
죄를 짓고 회개하고 또다시 죄를 짓는 부끄러운 우리이지만
주님밖에는 의지할 이 없어 오늘도 주님 앞에 머리를 숙였습니다.
공의로우신 주님 앞에 감히 설 수 없는 존재이오나
예수 그리스도의 십자가 보혈을 의지하여
주님께로 담대히 나아갑니다.
주여, 우리를 불쌍히 여겨 주시고 죄 사함의 은혜를 내려 주시옵소서.

하나님, 우리의 위선과 가식의 죄를 주님 앞에 고백하며 회개합니다.
우리의 중심을 보시고 마음을 감찰하시는 하나님께
우리가 무엇을 숨기고 거짓을 아뢸 수 있겠습니까.
얼굴에는 미소를 띠고 입술로는 축복의 말을 전하면서도
속으로는 미워하고 시기하며 서로를 비난하는 우리였습니다.
겉으로는 겸손한 척 행동하고 거룩한 척 기도하지만,

아무도 보지 않을 때는 저급한 본성에 너무도 쉽게 굴복했습니다.
경건의 모양은 있으면서도 경건의 능력은 부인하였고,
믿는다고 하면서도 행동으로 실천하지 못한
우리를 용서하여 주시옵소서.

하나님, 우리가 서로 사랑하지 못한 죄를 고백하며 회개합니다.
"너희가 서로 사랑하면 이로써 모든 사람이 너희가 내 제자인 줄 알리라"(요 13:35)라고 말씀하셨건만
우리는 서로 다투고 경쟁하고 분열하느라 주님의 영광을 가렸고
사람들이 주님께로 오는 길을 가로막았습니다.
상대방의 상황과 처지를 이해하기보다는
내 뜻과 다르면 쉽게 분노하고 정죄하였습니다.
주님께서 허락하신 소중한 사람들을
함부로 대하고 무시하며 욕심대로 대하는 우리였습니다.
가족을 진심으로 사랑하지 못했고, 성도들을 존중하지 못했으며,
함께 살아가는 이웃의 아픔에 공감하지 못한
우리를 용서하여 주시옵소서.

무엇보다 하나님을 온전히 신뢰하지 못하고
전심으로 사랑하지 못한 죄를 회개합니다.
이 시간, 지난 삶을 돌아보며 주님 앞에 참회하오니
말로, 생각으로, 행동으로 지은 모든 죄를 용서하여 주시옵소서.

참회기도문 07

사랑의 하나님!
거룩하신 주님을 기억하며 주님 앞으로 나왔습니다.
오늘도 우리는 여전히 부족하고 모자라지만
은혜를 구하는 마음으로 주님을 바라봅니다.

어느새 한 해의 절반이 지나갑니다.
새로운 마음을 먹고 주님과 더욱 가까워지기를 원하였지만,
돌아보니 변한 것은 하나도 없고
여전히 게으름과 나태함뿐입니다.

사랑하고 희생하기보다는
여전히 시기하고 미워하며, 불평하며 살았습니다.
말씀과 기도와 찬송으로 우리의 영혼을 채우기보다는
헛된 욕망과 정욕과 욕심으로 우리의 육신을 채우기에 바빴습니다.

믿음을 가지고 역경을 견디며 주님을 바라보기보다는
삶 속에서 작은 어려움 만날 때마다
두려움 속에서 하나님을 원망하며 살았습니다.
하나님, 우리의 부족함을 용서하여 주시옵소서.

하나님을 두려워해야 할 우리인데,
도리어 세상의 풍랑을 두려워하였습니다.
말로만 하나님을 경외한다고 하였지만,
정작 우리의 삶 속에서는
주님을 두려워하는 기색이 전혀 없었습니다.
거짓을 행하고 다른 이를 속이면서도
주님을 믿는다고 떳떳하게 말하는
우리의 염치없음을 용서하여 주시옵소서.

오늘도 주님의 용서와 은혜를 구하오니
우리를 불쌍히 여겨 주시옵소서.

참회기도문 08

사랑의 하나님!
주님의 자녀로 택함을 받은 우리들이
주님께로 나왔습니다.
베풀어 주신 은혜의 시간들을 돌아보며
감사한 마음으로 주님의 이름을 부릅니다.
쌓은 덕이 많아서 주님께로 나온 것도 아니고
자랑할 만한 것 있어서 나온 것도 아닙니다.
그저 주님께서 잃어버린 자들을 찾으신다는
그 말씀을 의지하여 나왔사오니
우리의 작은 믿음을 받아 주시고,
간절한 마음으로 주님을 찾는 우리를 긍휼히 여겨 주시옵소서.

하나님, 항상 주님 앞에 나올 때마다
긍휼하심과 자비하심을 구하면서도

우리에게 믿음의 진보가 없음을
괴로운 마음으로 오늘도 고백하지 않을 수 없습니다.
한 해를 시작하며 큰 결심을 하였으나
또다시 과거의 행적과 삶을 반복하고 있는
우리를 불쌍히 여겨 주시옵소서.
우리의 입술을 주님께서 기뻐하시는 도구가 아닌,
불신과 분노와 분열을 만드는 도구로 사용한 것을
용서하여 주시옵소서.
우리의 발걸음이 주님께서 기뻐하시는 길을 향하지 아니하고,
세상의 욕심과 욕망을 이루는 길에서
벗어나지 못하였음을 용서하여 주시옵소서.

우리의 영적 나태함을 회개합니다.
거짓과 속임, 헛된 자랑과 교만,
이웃의 아픔에 대한 무감각과 무관심을
주님, 용서하여 주시옵소서.

참회기도문 09

사랑으로 우리를 기다리시는 하나님!
우리가 주님을 잊고 세상에 취해 마음대로 살아갈 때에도
주님은 기다리시며,
우리가 주님을 향하여 반항하며 저항할 때에도
주님은 기다리시며,
우리가 주님과 경쟁하듯 못된 짓을 벌일 때에도
주님은 참고 기다리셨습니다.

오늘도 탕자와 같은 우리가 돌아오기를 기다리시는 아버지 하나님,
감히 떳떳이 주님 앞에 나올 수 없는 처지이오나,
동구 밖까지 나와 아들이 돌아올 길목을 보고 계신 아버지처럼
오늘도 우리가 돌아오기를 바라며 기다리심을 알기에
용기를 내어 주님께로 나아갑니다.

하나님,
거칠어진 마음과 강퍅해진 우리의 삶을 돌아봅니다.
광야에서 목이 말랐고, 삶의 전쟁터에서 상처가 생겼습니다.
우리가 자랑하던 화려한 옷은 누더기가 되었고
우리가 믿고 의지하던 온갖 것들은 무거운 짐이 되고 말았습니다.

우리의 부족함과 죄 때문입니다.
욕망의 노예가 되어 잘못된 것을 알면서도 더 가지려 하고
더 얻으려 하였습니다.
악한 생각, 나쁜 방법도 불사한 채
나의 이익만을 생각하며 살았습니다.
게으름과 나태함으로
하나님께서 주신 귀한 기회와 시간을 낭비하며 살았습니다.
내가 중심이 되어 나와 생각이 다른 이들을 무시하고 비난함으로
이웃의 마음을 아프게 하였습니다.
하나님, 우리의 허물과 죄를 용서하여 주시옵소서.

시기와 질투, 분냄과 원수 됨으로
우리가 사탄의 하수인이 되어 살았음을 회개합니다.
하나님께서 우리에게 주신 사랑과 희생, 용서를
실천하며 살지 못하였음을 또한 회개합니다.
주님, 우리를 불쌍히 여겨 주시옵소서.

참회기도문 10

사랑의 하나님!
모자라고 부족한 우리가
하나님의 풍성하신 은혜 안으로 들어갑니다.
친히 차려 놓으시고 부르시는 주님의 잔치에
오늘도 감히 나와 영의 양식을 먹고 생명의 음료를 마십니다.

하나님,
나 자신을 돌아보면 부족한 것뿐입니다.
너무나 허물이 많고 죄도 크지만
주님의 사랑이 우리를 강권하시니,
용기를 내어 주님 앞으로 나아갑니다.

주님,
우리를 받아 주시옵소서.

허물은 주님의 은혜로 덮어 주시고,
죄악은 주님의 보혈로 씻어 주시옵소서.

잃은 어린양을 찾으시며
나간 자식을 기다리시는 하나님,
하나님은 모든 사람을 살리고자 하시지만,
우리는 주님의 사랑을 독차지하고
우리만 주님의 은혜를 누리려는
이기적인 마음으로 살아갈 때가 참 많습니다.
주님, 성숙하지 못한 모습을 불쌍히 여겨 주시옵소서.

나보다 조금 나은 이들을 시기하며 살았고,
나보다 조금 못한 이들을 멸시하고 무시하며 살았습니다.
공평함이라는 잣대를 가지고 나에게 유리하게 재단하며
다른 이들을 불쌍히 여기지 않으며 살아온 우리를
주님, 용서하여 주시옵소서.

오늘도 주님의 긍휼과 사랑을 구하오니
우리를 불쌍히 여겨 주시옵소서.

참회기도문 11

사랑의 하나님!
거룩한 주님의 날에
우리가 주님 앞으로 나왔습니다.

십자가에 달리실 때 보셨던
인간의 잔인함과 악함을,
그리고 제자들의 배신을
부활하신 주님께서는 분명 기억하셨을 텐데도
주님은 모든 이들을 사랑으로 감싸 안아 주셨고,
용서하여 주셨습니다.

고통의 못자국을 보이시면서
"나의 평안을 너희에게 주노라"(요 14:27) 말씀하시는
주님의 크신 사랑을 오늘도 기억합니다.

하나님, 지난 시간도 주님을 의지하지 아니하고
세상의 힘과 권력을 바라보며 살았음을 용서하여 주시옵소서.
연약한 이들을 멸시하고
힘없는 이들을 무시하며
더 오르기 위해, 더 얻기 위해
정욕과 욕망의 노예가 되어
정신없이 살아온 삶을 용서하여 주시옵소서.

우리에게 주신 사랑스런 가족들, 귀한 친구들, 성도들을
아끼고 사랑하지 못하고
도리어 상처를 주고 못되게 행한 것들을
주님, 용서하여 주시옵소서.

양보해야 할 때 욕심을 부렸습니다.
배려해야 할 때 먼저 가지려 힘을 썼습니다.
나누어야 할 때 도리어 추한 모습을 보였습니다.
주님의 사랑을 드러내지 못하고,
빛과 소금의 역할을 감당하지 못한
우리를 불쌍히 여겨 주시옵소서.

참회기도문 12

긍휼과 자비로 우리를 살피시는 하나님!
우리를 죄와 사망에서 건지시고
참 생명과 부활의 소망을 주시니 감사합니다.

주님께서 우리의 죄로 인하여 죽으시고
우리를 살리시기 위하여 부활하셨음을 믿음으로 고백합니다.

하오나, 주님께서 부활하신 그 소식을 듣고도
엠마오로 향하던 제자들처럼,
디베랴 호수 어부로 돌아간 제자들처럼,
주님의 부활을 우리의 삶 속에서 경험하지 못하고
현실 속에서 실망하고 낙심하며
하루하루를 살아가는 우리를 불쌍히 여겨 주시옵소서.

압도하는 세상의 질서와 도도한 이생의 흐름 속에서
하나님 나라를 바라보지 못하고
하나님의 역사하심을 잊고 살아가는
우리를 긍휼히 여겨 주시옵소서.

작은 욕심에 이끌려 부끄러운 삶을 살았습니다.
나를 중심으로 생각하느라
어려운 이웃들을 살피지 못하였습니다.
더 얻으려 함으로 나의 추한 모습을
사람들에게 드러내고 말았습니다.
용서받았음에도 용서하지 않으며,
거저 받았음에도 나누지 않으며,
사랑을 받았음에도 감사하지 않는
우리를 용서하여 주시옵소서.

주님, 아직도 옛사람의 모습에서 벗어나지 못하고
참 생명과 부활의 삶을 살지 못하는
우리를 불쌍히 여겨 주시옵소서.
온갖 다툼과 시기와 분냄과 당 짓는 것,
비방과 수군거림과 거만함과 분열과
우리의 모든 악의를 주님의 보혈로 깨끗이 씻어 주시고,
새사람으로 다시 세워 주시옵소서.

참회기도문 13

은혜로우신 사랑의 하나님!
주님의 인도하심과 이끄심을 따라
주님의 자녀들이 이 자리에 모였습니다.
부족하다 아니하시고, 모자라다 아니하시며
우리를 품에 안아 주시는 주님께
우리의 마음과 영혼을 감히 내어 드립니다.

주님, 우리가 주님께 내어 드릴 우리의 실존은
온전하지도 아름답지도 못합니다.
거짓과 못된 생각들이 우리의 마음을 지배하고,
세상의 욕심과 교만함이 우리를 가득 채우고 있습니다.

상처를 주는 말들이 우리의 입술에 달려 있고
거짓된 행실이 우리의 삶을 짓누르며 불행하게 만들고 있습니다.

하나님, 우리를 긍휼히 여겨 주시옵소서.

하나님, 늘 큰 은혜 가운데 살면서도 불평이 많았습니다.
주님께서 많은 것을 선물로 주셨지만,
우리의 입에는 원망이 달려 있었습니다.
주님께서 맡기신 일은 제대로 하지 못하면서
받을 것, 누릴 것만 계산하며 살았습니다.
내 눈의 들보는 보지 못하고
남의 눈의 티를 보며 비난하며 살았습니다.
주님, 용서하여 주시옵소서.

하나님께서 우리에게 주신 소중한 가족들을 사랑하지 못하고
마음에 상처를 주며 살았음을 회개합니다.
주신 물질을 잘 관리하지 못하고
주님의 영광 위해 사용하지 못하였음을 회개합니다.
주신 건강을 주님의 일에 사용하기보다
욕망과 정욕을 위한 일에 낭비하였음을 회개합니다.
주님께서 우리에게 맡기신 주님의 일, 교회의 사역을
제대로 감당하지 못하고 은사를 땅에 묻어 둔 것을 회개합니다.
주님, 우리의 모든 죄악과 허물을 용서하여 주시옵소서.

참으로 나만을 생각하며 이기적으로 살았음을 회개합니다.
물질을 섬기면서도 하나님을 섬긴다고 하며 살았음을 회개합니다.
주님, 우리를 불쌍히 여겨 주시옵소서.

참회기도문 14

사랑의 하나님!
나간 자식을 기다리는 아버지처럼
우리를 애타게 기다리시는 주님,
참으로 허물이 크고 죄가 많은 주님의 자녀들이
오늘도 주님 앞으로 나왔습니다.

거듭되는 참회에도 불구하고 변화가 없는 우리를,
불의한 생활을 끊어 내지 못하고
여전히 죄악 가운데서 살아가는 우리를
불쌍히 여겨 주시옵소서.

오늘도 참회의 자리에서 우리의 삶을 돌아봅니다.
거짓된 말과 행위로 사람들을 속인 것,
성급한 말과 행동으로 사람들의 마음에 상처를 준 것을 회개합니다.

부정하고 불의하다고 세상과 다른 사람을 탓하면서도
정작 나 자신의 정직은 외면한 채 살아온 우리를 용서하여 주시옵소서.
세속적 욕망을 붙잡느라 하나님의 뜻을 외면한
우리를 불쌍히 여겨 주시옵소서.

주님께서 우리에게 선물로 주신
귀한 가족들을 사랑하지 못하고,
못된 말과 행동으로
아픔과 고통을 준 것을 용서하여 주시옵소서.
네 부모를 공경하라 말씀하신
주님의 명령을 제대로 따르지 못하고
부모님을 외롭게 하고, 두렵게 하고,
절망스럽게 한 것을 회개합니다.

이기적인 사고에서 벗어나지 못하는 우리,
물질적인 생각에서 헤어나지 못하는 우리를 불쌍히 여겨 주시옵소서.
거짓과 욕심과 교만함으로 살아가고 있는
우리의 인생을 용서하여 주시옵소서.

하나님, 우리는 참으로 약하고 부족합니다.
모든 악과 허물에서 우리를 구하여 주시옵소서.
우리를 죄에서 건져 주시고, 주님의 보혈로 씻어 주셔서
하나님의 자녀로 확증하여 주시옵소서.

참회기도문 15

사랑의 하나님!
자격 없고 공로 없는 죄인이 주님의 보혈을 의지하여
오늘도 거룩하신 아버지께로 나왔습니다.

부족하고 형편없는 우리를
여전히 불쌍히 여기시고,
오늘도 누더기 같은 모습으로 주님을 찾는 우리를
따뜻하게 맞아 주시니 참으로 감사합니다.

가서는 안 될 곳을 가기도 하며
앉지 않아야 할 곳에 앉기도 했습니다.
해서는 안 될 말로 사람들에게 고통을 주었습니다.
악한 행실로 사람들의 마음을 아프게 하였습니다.
하찮은 이득을 얻기 위하여 주님의 이름을 욕되게 하였습니다.

욕망이 추구하는 향락에서 헤어 나오지 못하였고
나태함과 게으름에 빠져 맡겨 주신 소명을 이루지 못하였습니다.
주님, 우리의 죄를 용서하여 주시옵소서.

작은 성공에 감사하며 하루하루 살았으면 좋았을 텐데,
좀 더 인내하며 참았으면 좋았을 텐데,
좀 더 성실히 기도하며 주님의 뜻을 찾았으면 좋았을 텐데,
그러지 못한 우리를 용서하여 주시옵소서.

큰 욕심을 부렸습니다.
너무 조급하였습니다.
참으로 교만하였습니다.
우리의 허물과 죄를 용서하여 주시옵소서.

하늘나라를 바라보며 살아가야 할 우리가
땅의 것에 매여 살았습니다.
잠시 살아가는 세상인 줄 알면서도
세상의 것을 너무 사랑하며 살았습니다.
주님, 우리를 불쌍히 여겨 주시옵소서.

참회기도문 16

거룩하신 하나님!
죄인으로서 감히 설 수 없는 이 자리,
그럼에도 우리가 당당히 주님 앞에 설 수 있는 것은
우리에게 예수 그리스도의 이름이 있기 때문입니다.
주님이 흘리신 보혈이 우리의 죄를 정결케 하였기에,
거룩하신 성령께서 연약한 우리를 위해 끊임없이 중보하시기에,
오늘도 우리는 주님의 이름을 높이며
주님께 찬송과 영광을 올려 드립니다.

주님,
하나님의 은혜가 하늘같이 크고,
주님의 긍휼하심이 바다보다 넓지만,
나 같은 죄인도 주님께서 받아 주시는지,
때로 두려운 마음이 들 때가 있습니다.

무서운 죄, 누구에게도 차마 말하지 못한 죄를
주님께서는 아실 것이기에
주님 앞으로 나아갈 용기가 더욱 나질 않습니다.
이 시간 두려움과 떨림으로 주님의 이름을 부릅니다.
주님, 어떤 것으로도 씻을 수 없는 나의 죄를
거룩하신 보혈로 씻어 주시고
주님의 성령으로 깨끗이 태워 주시옵소서.

내 힘만으로 살다 그만 지쳐 버렸습니다.
세상의 온갖 좋은 것들을 가져도 보았지만,
잠시 살아가는 이 세상에서
어떠한 것도 우리의 위로가 되지 않음을 고백합니다.
우리 영혼은 형편없이 가난하고 배가 고픕니다.
하나님, 우리를 긍휼히 여기시고
연약한 우리를 도와주시옵소서.

성령의 능력 안에 있기 원하며
성령의 인도하심을 따라 살기 원하오니
약속하신 성령을 보내어 주시옵소서.

참회기도문 17

사랑이 많으신 하나님!
참으로 부족한 저희가 주님 앞으로 나왔습니다.
주님의 보혈을 의지하여 믿음을 가지고 나왔사오니
우리를 받아 주시옵소서.

한 주간 동안 또다시 더러운 것들이 많이 묻었습니다.
마음으로 지은 죄, 말로 지은 죄, 행위로 지은 허물들이
오늘도 우리의 마음을 괴롭게 합니다.
하나님, 죄로 오염되고 망가진 우리의 몸과 마음과 영혼을
불쌍히 여겨 주시옵소서.

하나님,
비뚤게 걸어가는 앞사람을 향하여 비난하면서도
정작 나의 비뚤어진 걸음을 보지 못하였습니다.

다른 사람의 눈에 있는 티를 지적하면서도
나에게 있는 들보는 정작 생각하지 못하였습니다.
우리의 잘못된 말과 행동을 회개합니다.
용서하여 주시옵소서.

하나님의 형상으로 지음 받은 형제자매들, 우리의 이웃들을
무시하고 비난하며, 학대하고, 못되게 대하였습니다.
입에 담아서는 안 될 더러운 말로
가까운 사람들에게 상처를 주었습니다.
다른 사람들에게 해가 되는 것을 알면서도
마음에 가책도 없이 나의 이익을 위해 나쁜 일들을 행하였습니다.

우리의 무자비함을 용서하여 주시옵소서.
우리의 교만함을 용서하여 주시옵소서.
욕망과 욕심, 정욕에 사로잡혀서
해서는 안 될 일들을 저질렀습니다.
주님, 우리를 불쌍히 여겨 주시옵소서.

은밀한 중에 보시는 주님을 잊고 살았습니다.
몸매 유지를 위해 금식을 하고, 다이어트를 하고, 운동을 하면서도
영혼의 아름다운 균형을 유지하기 위해
자신을 쳐서 복종케 함은 잊고 살았습니다.
하나님, 우리의 부족함을 긍휼히 여겨 주시고
우리의 죄를 용서하여 주시옵소서.

참회기도문 18

사랑의 하나님!
구속하신 은혜와 도우시는 은총 가운데
오늘도 주님 앞으로 나왔습니다.
방황하던 이들을 바른길로 이끄시고,
낙망하고 좌절하여 쓰러진 이들을 일으켜 주시며,
울부짖고 간구하는 이들에게 피할 길을 열어 주신 주님,
그 놀라운 은혜와 사랑을 찬송합니다.

잘못된 길로 가고 있음을 아시면서도 오래오래 참으시는 하나님,
끊임없이 저지르는 죄악과 드러나는 허물에도 불구하고
기다리고 기다리시는 주님,
늘 원망하며 불평하며 살아가는 우리를
용서하시고 받아 주시는 주님이시기에
감히 주님의 은혜 아래서 이 죄인이 복을 누립니다.

하나님, 하나님은 기다려 주시고 용서하시는 주님이신데
정작 은혜를 입은 우리는
연약한 자들을 기다려 주지 못하였고
부족한 사람들을 용서하지 못하였습니다.
조금만 내 생각과 맞지 않으면 참지 못하고
내 뜻대로 이루어지지 않으면 불평하고 비난하였습니다.
하나님, 우리의 죄를 용서하여 주시옵소서.

하나님께 받은 것이 많음에도 불구하고
다른 이들과 나누지 못하고
도리어 더 가지려는 우리를 용서하여 주시옵소서.

하나님의 거룩을 드러내는 자리,
주님의 사랑을 드러내는 자리에서
주님의 빛과 소금으로 살지 못하고
주님께 근심을 드리는 자리,
사람들의 비웃음을 받는 자리에서
부끄러운 삶을 살아온 것을 용서하여 주시옵소서.

하나님, 모든 죄를 주님 앞에 겸손히 자복하오니,
우리를 악에서 건져 주시옵소서.

참회기도문
19

은혜로우신 아버지 하나님!
한 주간을 살고 주님 앞으로 나왔습니다.
말씀을 붙잡고 용기를 내어 세상으로 나아갔지만
주님께로 돌아오는 길은 이렇듯 늘 빈손입니다.

주님께서 보혈로 깨끗이 씻어 입혀 주신 새 옷은
세상에서 사는 동안
그만 헌 옷처럼 낡고 찢어지고 더러워졌습니다.
시궁창과 같은 곳에서 살다 보니
역겨운 냄새마저도 느낄 수 없게 되었습니다.

사랑의 주님께서
이렇게 냄새나고 초라하며 더러운 우리를
따뜻하게 맞아 주시고 품에 안아 주시니 참으로 감사합니다.

죄악과 더불어 살았습니다.
어두운 곳에서 욕망을 채우며 살았습니다.
악한 세상을 향하여 책망하고 한탄하면서도
정작 내 속에 있는 무서운 악과는 타협하며 살았습니다.

혼탁한 세상의 질서를 바로잡고
진실을 말하고 진리를 행해야 했지만,
주님의 제자로서 그러한 빛과 소금의 사명을 다하지 못하였습니다.
하나님, 우리의 무력함과 불성실함,
그리고 죄악을 용서하여 주시옵소서.

늘 높은 곳에만 눈을 두고 살았습니다.
낮은 곳으로 향하신 주님의 시선을 우리가 따라가지 못하였습니다.
그러다 보니 우리의 입에는 늘 불평과 원망이 달려 있었습니다.
감사와 기쁨이 없었습니다.
참된 안식이 없었습니다.
하나님, 우리를 불쌍히 여겨 주시옵소서.

게으르고 나태하며,
그저 악한 일을 도모하고
항상 자고하여 교만하며,
자신의 이익만을 탐하며 살아가는
우리를 용서하여 주시옵소서.

참회기도문 20

사랑의 하나님!
세상에 나가 힘겨운 삶을 살다가
주님께로 돌아옵니다.

무더위에 지치고
힘겨운 세상살이에 지쳤습니다.
잘 살아보고 싶었지만, 여의치 않았습니다.
기대를 가지고 나아갔지만,
돌아오는 길은 허무와 아쉬움입니다.
하나님, 늘 목마름을 경험하며 살아가는
우리를 불쌍히 여겨 주시옵소서.

주님께 기쁨을 드릴 만한 삶을 살지 못하였습니다.
하찮은 이득을 얻기 위하여 양심을 속였습니다.

거친 말로 사람들의 마음을 아프게 하였습니다.
나의 자존심을 지킨다면서
도리어 다른 이의 자존심을 짓밟았습니다.
사랑을 말하면서도 미움을 드러냈고,
분노를 강하게 표출하였습니다.

하나님,
우리 자녀들에게, 우리의 가족들에게,
그리고 가까운 이웃과 성도들에게
저지른 거친 말과 악한 행위를 용서하여 주시옵소서.

하나님께서 귀한 물질을 주셨지만,
이기적인 생각에 사로잡혀
필요 이상으로 더 많은 물질을 탐하며,
그것을 정욕의 일에 사용하느라
하나님의 마음을 아프게 한 것을 용서하여 주시옵소서.

썩어질 육체임을 알면서도 육체와 이생만을 위하고,
잠시 후에 떠나야 할 세상인 줄 알면서도
세상의 일에만 몰두하며 세상 자랑에만 연연하며 살아가는
어리석은 우리를 불쌍히 여겨 주시옵소서.

참회기도문
21

늘 은혜를 베푸시는 사랑의 하나님!
부족함을 아시면서도 받아 주시고
정결하지 못함을 아시면서도 불러 주시며
죄인 됨을 아시면서도 용서해 주시는 주님,
주님의 사랑과 은혜를 의지하여
오늘도 우리가 주님 앞으로 나왔습니다.

늘 주님 앞에 나와 말씀을 듣고
기도도 많이 하였으나,
주님 앞에 설 때마다
아무것도 변한 것이 없는
철저히 세상적인 나의 모습을 보곤 합니다.

주님, 그러함에도

우리를 향한 기대를 버리지 않고
기다리시고 또 기다려 주시는
주님께 감사를 올려 드립니다.

여전히 정욕을 다스리지 못하고
욕망과 욕정, 그리고 욕심의 노예로 살아가는
우리를 불쌍히 여겨 주시옵소서.

주님께 근심을 드리는 자리에 있던 것을 회개합니다.
주님의 은혜 안에 살고 있으면서도
불안해하고 두려워하며
불평하고 원망하였던 것을 회개합니다.
작은 이익을 탐하느라 주님의 말씀을 어기고
양심을 저버린 것을 용서하여 주시옵소서.

사랑의 주님, 오늘도 허물과 죄로 물든
우리의 몸과 마음을 살피시고 긍휼히 여기사
주님의 보혈로 깨끗이 씻어 주시옵소서.

참회기도문 22

사랑의 하나님!
무더운 날씨에도 주님을 기억하게 하시고
예배의 자리로 나오게 하시니 감사합니다.

늘 부족하고
더럽고 추한 모습이지만
오늘도 우리 안에 주님을 향한 갈망이 있게 하시고
주님을 찾는 간절함이 있게 하시니
우리에게는 큰 은혜입니다.

하나님,
늘 무엇인가를 구하며 찾는 우리이지만,
하나님께서 내려 주시는 진정한 안식에 이르지 못한 채로
그저 물질과 세상의 것에 매여 살아가는

우리를 불쌍히 여겨 주시옵소서.

생명의 근원이 주님께 있음을 알면서도
세상의 헛된 것에 소망을 두고 살아가는 우리들의
이율배반과 모순된 삶을
주님께서 긍휼히 여겨 주시옵소서.

주님은 우리의 손을 붙잡고 가장 좋은 곳으로 이끌기를 원하시지만,
우리는 도리어 의지대로 살겠다고 버둥거리며
주님의 손에 잡히지 않는 가시나무와 같은 존재가 아니었는지
우리의 삶을 돌아보며 회개합니다.

하나님, 주님의 말씀을 붙잡고 있으면서도
말씀이 나의 머리에만 남아 있었음을 회개합니다.
삶으로, 행동으로 살아 내지 못하였음을 용서하여 주시옵소서.

사악한 의도를 가지고 남을 해하고자 하였습니다.
거짓을 말하였습니다.
비방하고 비난하고 불평하였습니다.
믿음을 지키지 못하고 환경에 매몰되어
걱정과 두려움 속에서 살았습니다.
주님, 우리의 죄와 허물을 용서하여 주시옵소서.

3부

우리를
새롭게 하여
주옵소서

참회기도문 01

사랑의 하나님!
은혜 가운데 저희들이 주님 앞에 나왔습니다.
부르시는 음성에 이끌리어
모든 것을 용납하시고 용서하시는 주님께로 나왔습니다.

우리 안에 숨겨진 과거의 깊은 후회가 있음을 아시는 주님,
우리 속에 미래를 향한 큰 두려움이 있음도 아십니다.
단 한 번 주신 이 땅에서의 귀한 삶인데
잘살아 보고자 하나,
우리의 죄성이 우리를 사로잡아
우리의 삶을 망가뜨리고
우리를 절망하게 만들곤 합니다.

하나님, 늘 양심이 원하지 않는 일들을

'살기 위하여'라는 핑계로 행하며
후회하고 절망하는 우리의 실상을 불쌍히 여겨 주시옵소서.

오늘도 엉켜 버린 모든 삶의 문제들,
나의 힘으로는 도저히 해결할 수 없는 사연들을 들고
주님 앞으로 나왔습니다.

모두가 우리의 부족함과 허물, 그리고 연약함과 게으름,
탐욕과 욕망이 만들어 낸 죄의 소산물들이오니
주님, 우리를 불쌍히 여기시고
긍휼을 베풀어 주시옵소서.

예수 그리스도께서 십자가에서 흘리신 그 보혈,
그 사죄의 은총이
주님 앞에 나와 참회하는 모든 이들에게
임하게 하여 주시옵소서.

참회기도문 02

사랑과 자비가 풍성하신 하나님!
오늘도 주님의 품으로 우리를 불러 주시고
죄 용서의 은혜와 회복의 은총을 내려 주심을 감사드립니다.

세상으로 나아갈 때마다
새로운 마음으로 결단하며 나아가지만
한 주를 보내고 주님 앞으로 나올 때면
늘 죄와 허물의 상처로 고통받는
우리 자신을 보게 됩니다.

"마음에는 원이로되 육신이 약하도다"(마 26:41).
잠자는 제자들을 향한
주님의 안타까운 말씀이
우리의 현실임을 깨닫습니다.

주님, 오늘도 부족한 모습으로 나왔습니다.
실수를 저질렀고, 마음을 다스리지 못하였습니다.
주님의 은혜받은 자답게 살지 못하였습니다.
욕망과 욕심에 이끌리어 죄를 지으며 살았습니다.
주님, 우리를 불쌍히 여겨 주시옵소서.

풍요를 좇다가 그만 하나님을 놓치고 말았습니다.
정욕을 따라가다가 그만 실수하고 죄를 짓고 말았습니다.
주님, 용서하여 주시옵소서.

다시 새롭게 하시는 은혜,
모든 것을 깨끗하게 하시는 주님의 은혜를 간절히 구합니다.
십자가에서 흘리신 그 보혈의 은총이
오늘도 우리의 마음에 임하여,
우리를 새롭게 하여 주시옵소서.

참회기도문 03

사랑의 하나님!
주님은 빛이시오나 우리는 어두움에 거하고,
주님은 의로움이시오나 우리는 불의로 가득하며,
주님은 사랑이시오나 우리는 미움과 분노 속에서 살아갑니다.

지난 한 주간도 잘 살아 보려 하였으나
결국은 주님의 거룩하신 성품을 닮아 가지 못하고,
여전히 부족한 모습으로
허물과 죄로 가득한 모습으로 주님 앞으로 나온
우리를 불쌍히 여겨 주시옵소서.

주님께서 바르게 사는 법을 가르쳐 주시고
주님의 뜻을 밝히 보여 주셨으나
우리는 그 법을 따르지도, 지키지도 못하였습니다.

도리어 악한 생각에 사로잡혀서 살았고,
거짓을 말하여 불의한 이득을 얻고자 하였습니다.
더러운 일을 계획하는 것에 마음을 두었고,
육적 욕망을 성취하기 위해 지저분한 일들을 서슴없이 행하였습니다.
주님, 우리의 죄를 자복하며 회개하오니
사죄의 은총을 우리에게 내려 주시옵소서.

번영을 위하여 정의를 배반하고
잘살기 위해 불의와 타협했습니다.
나쁜 짓을 행하면서도 주님의 복을 구하였습니다.
아버지 하나님, 너무나 오랫동안 죄 가운데 살아왔기에
어디까지가 죄이며, 어디까지가 불의이고 악인지도 분간하지 못하는
우리를 불쌍히 여겨 주시옵소서.

나는 깨끗하다고, 나는 선하다고 생각하는
오만함과 교만이 나의 마음 한편에 있음을 또한 발견합니다.
주님, 우리의 영적 실명의 상태를 긍휼히 여기시고,
우리의 비참한 현실을 바로 보며 탄식하게 하시고,
주님의 긍휼과 은혜를 얻게 하여 주시옵소서.

참회기도문 04

사랑과 긍휼이 풍성하신 하나님!
오늘도 우리를 주님의 품으로 불러 모아 주시고,
상처 난 곳을 싸매어 주시며,
주린 영혼을 생명의 말씀으로 채워 주시니 참으로 감사합니다.

아버지를 멀리 떠나
홀로 살아가던 길에서
갖은 풍랑과 시련을 맛보고
지친 모습으로, 아버지의 집으로 돌아왔습니다.

더러워진 손을 보시고도
덥석 잡아 주시고,
단내 나는 우리의 입술에
입을 맞추어 주시니 참으로 감사합니다.

잘못된 길로 들어서서
진창과 같은 길을 걸었던
자국이 선명한 더러운 신을 벗겨 주시고
새로운 신을 신겨 주시는 주님!
오늘도 참으로 부족한 죄인들이
주님의 은혜를 누립니다.

우리의 악한 행위를 아시는 주님,
우리를 불쌍히 여기시고 주님의 보혈로 사하여 주시옵소서.
주님께서 원하시는 삶을 살지 못한
우리를 불쌍히 여겨 주시옵소서.
또한 보혈의 은총을 마다하며
스스로 구원을 얻을 수 있는 듯
교만하게 살아온
우리를 용서하여 주시옵소서.

알고 지은 죄도 있사오나, 모르고 지은 죄도 있습니다.
우리의 무지를 또한 용서하시고,
주님의 보혈로 깨끗하게 씻어 주시옵소서.

참회기도문 05

사랑의 하나님!
늘 은혜로 살아가면서도
그 은혜를 잊고 살아가는 우리들,
세상의 화려함에 매료되어 정신없이 살아가는 우리들,
어디에 있는지, 어디로 가고 있는지조차 모르고
그저 허무하게 하루하루를 살아가는 우리들이
주님 앞으로 나왔습니다.

생각해 보니 이 자리에 나온 것이 기적이요,
이곳에서 나를 돌아보며 주님을 생각함이 은혜입니다.
하나님, 오늘 이 자리에서
형편없이 초라한 나를 바라봅니다.

험악한 세상을 살다 보니

지저분하고 더러운 오물들도 많이 뒤집어썼습니다.
살기 위해 거짓을 말하고, 더 얻기 위해 불법을 행하였습니다.
더 높은 곳에 오르기 위해 악한 일을 저질렀으며
더 나은 삶을 살 수 있을 것이라고 여기며 불의와 타협하였습니다.

주님, 인간의 나약함이오니
우리를 불쌍히 여겨 주시옵소서.
우리가 스스로 하나님 앞에 온전한 모습으로 설 수 없음을 아시기에
우리 주님께서 십자가 위에서
우리를 위하여 보혈을 흘려 주셨음을 믿사오니,
오늘 이 시간, 거룩하신 주님의 보혈로
우리의 모든 허물과 죄를 깨끗이 씻어 주시옵소서.

무엇보다 우리의 입으로 지은 죄악을 깊이 뉘우치며 회개합니다.
거짓을 말하고 분노를 드러내었습니다.
교만한 말을 하였습니다.
남에게 상처를 주는 말을 하였습니다.
감사하지 아니하고 불평하며 살았습니다.
알참이 없는 공허한 말과 더러운 말로
우리의 마음과 생각, 그리고 세상을 혼탁하게 하였습니다.
주님, 우리를 불쌍히 여기시고
우리의 모든 허물과 죄를 용서하여 주시옵소서.

참회기도문 06

사랑의 하나님!
한 주간을 보내고 주님께로 나왔습니다.
세상으로 나갈 때에는
하나님의 자녀답게 살리라 굳게 다짐도 하였지만
주님께로 돌아오는 길은 늘 그렇듯,
그저 부끄러움과 안타까움뿐입니다.
어느샌가 세상의 더러운 것들이
더덕더덕 우리의 몸과 마음에 붙어 있음을 보며
주님께 회개합니다.

따뜻한 말로 사람들을 대하며
슬기로운 말로, 때에 맞는 말로
하나님의 사랑을 전하고자 마음먹었지만,
우리의 입술은 때로 거짓을 말하고

이간질하고 고자질하며
불평하고 원망하며 분노함으로
사람들에게 상처를 주고
하나님의 마음을 아프게 하였습니다.
우리의 허물과 죄를 회개하오니
우리의 죄를 용서하여 주시옵소서.

세상 곳곳에 일어나는 수해와 가뭄 등의 재해로
사람들이 당하는 고난과 역경의 사건들을 보며
인간의 나약함과 인생의 허망함을 다시 깨닫습니다.
모든 것을 다 가지고 영원히 살 것처럼 살아가는
우리의 교만함을 용서하여 주시옵소서.

참회기도문 07

긍휼이 풍성하신 하나님!
지난 세월 우리 교회를 통하여 이루신 일들을 기억하며
주님께 찬송과 영광을 올려 드립니다.
수많은 영혼이 세례를 받았고,
말씀으로 양육되었으며, 생명을 얻었습니다.
오늘도 복음의 생명으로 세상을 아름답게 하는
성령의 교회로 이어 가게 하시니 감사합니다.

하지만 지난 시간의 역사를 돌아보면서
우리의 부족함으로 말미암아
하나님께 영광을 돌리지 못하고
빛과 소금의 직분을 감당하지 못하였던 날들도 있었음을
안타까운 마음으로 회개합니다.

마음을 합하지 못하고
서로 분열되어 서로를 원망하였던 때가 있었음을 회개합니다.
거짓과 헛된 말로
하나님의 일을 이루기보다
사람의 일을 이루려 하였던 것을 회개합니다.

주님께서 우리에게 보여 주신 희생과 섬김의 본을 따라 살지 못하고,
성장주의와 능력주의에 빠져서
다른 사람들을 하대하고 무시하며 살아온 것을 회개합니다.
하나님께서 세우신 이 교회를
귀하게 여기고 더욱 사랑하지 못하며
교회를 헤치고 편협한 마음을 나누는 일에
민첩하였던 것을 회개합니다.

우리의 모든 과거와 현재와 미래를 아시는 주님,
우리의 모든 허물과 죄를 주님의 보혈로 씻으시고
우리를 용서하여 주시옵소서.

참회기도문 08

사랑의 하나님!
내 마음대로 하고 싶은 욕망에
참 목자이신 주님을 떠나 멀리멀리 제 갈 길로 갔다가
처량하고 곤한 모습으로 주님 앞으로 나왔습니다.

화려한 곳으로 나아갔지만,
허망한 것들만 보았습니다.
풍성한 듯 보이는 세상으로 나아갔지만,
우리의 목마름은 더 심해졌습니다.

하나님, 지난 한 주간 동안
우리가 어디에 머물렀는지, 어디를 향하여 달려갔는지
돌아보며 회개합니다.
있어서는 안 될 자리, 죄악의 자리에 서 있었습니다.

오만한 자의 자리에 앉아 있었습니다.
욕망이 이글거리는 곳에서 더러운 일에 참여하였습니다.
주님, 우리의 모든 죄를 애통해하며
이 시간 회개합니다.

늘 반복되는 죄이기에,
주님 앞에서 얼굴을 들 수가 없사오나
일흔 번씩 일곱 번이라도 용서하시는 주님이시기에,
주님의 보혈을 의지하여
오늘도 통회하는 마음으로 주님께로 나아갑니다.
우리의 모든 죄를 사하여 주시옵소서.
우리 안에 새 마음을 창조하사
우리가 주님을 향하여
더 가까이 나아가게 하여 주시옵소서.

참회기도문 09

사랑의 하나님!
우리가 주님을 멀리 떠나 바다 끝에 거할지라도
주님은 그곳에 계시며,
우리가 저 멀리 하늘 끝에 거할지라도
주님은 그곳에 계십니다.

울부짖을 때, 우리의 소리를 들으시는 하나님,
주님은 버려진 하갈과 이스마엘의 울음소리도 들으셨으며,
큰 고기 뱃속에서 드린 요나의 기도도 들으셨습니다.
늘 우리를 주님의 은혜의 자기장 안에 두시고,
우리의 간구와 기도에 귀를 기울여 주시니 참으로 감사합니다.

주님, 엄마의 품에서 힘을 주며 버둥거리는 아이처럼
우리는 늘 그 사랑의 품에서 벗어나고자 하며,

내 마음대로 살려고 하였음을 용서하여 주시옵소서.
하나님의 품에 안겨서 평안을 누리기보다
척박한 세상으로 나가
정욕과 욕망의 길에서 지치고 고단한 삶을 살아온
우리를 불쌍히 여겨 주시옵소서.

하나님, 세상의 불행과 재난을 보면서
세상이 잘못하여서 하나님의 진노를 산 것으로 생각했습니다.
사회가 하나님을 멀리하여서 벌을 받는 것으로 생각했습니다.
지진과 홍수와 전쟁과 전염병의 창궐이
다른 이의 죄악과 허물의 결과인 줄 알았습니다.
그러나 돌이켜 보니 내가 잘못하여서 세상이 신음하고 있으며,
내가 죄를 지어 주님의 진노를 샀음을 깨닫습니다.

하나님, 이 시간 애통하는 마음으로 주님 앞으로 나아갑니다.
우리의 죄와 허물을 용서하실 전능하신 분이시기에
우리를 다시 세워 주실 유일하신 능력의 주님이시기에
주님의 보혈을 의지하며 주님 앞으로 나아가오니
우리의 모든 죄를 용서하여 주시옵소서.
주님의 보혈로 우리를 깨끗이 씻어 주시고
우리 안에 새 마음을 창조하여 주시옵소서.

참회기도문 10

하나님,
오늘도 주님 앞으로 나올 수 있는 마음을 주시고
우리의 발걸음을 이끌어 주셔서 감사합니다.
특별히 주님께 우리의 죄를 내어놓고 회개하며
주님의 긍휼을 구할 수 있게 하시니 감사합니다.

세상은 온통 전쟁의 소식으로 가득하고
고귀한 생명들의 신음소리로 진동하고 있습니다.
증오와 살의가 가득하고, 원망과 적의가 넘쳐납니다.

하나님, 하나님의 형상으로 지음 받은 우리가
어떻게 이럴 수 있는지요.
아벨을 죽인 가인의 죄악이
여전히 우리의 마음과 정신을 지배하고 있음을 봅니다.

하나님, 자신만을 사랑하고, 자랑하기를 좋아하며, 무정하며,
모함하고 비방하며, 절제가 없으며, 난폭하며,
선을 좋아하지 아니하며, 배신하며, 조급하며,
자만하고, 하나님보다 쾌락을 더 사랑하며,
사람들을 무시하고, 생명을 하찮게 여기며 살아가는
우리를 용서하여 주시옵소서.

전쟁으로, 이런저런 재해와 사건으로
수많은 사람들이 죽어나가고 있음에도
나만 잘살면 된다는 이기적인 생각으로
아무 일이 없는 듯이 일상을 살아가는
무감각한 우리의 영혼을 긍휼히 여겨 주시옵소서.

늘 예배의 자리에 나오지만,
경건의 모양은 있으나
경건의 능력을 상실한 우리를 불쌍히 여겨 주시옵소서.

죄악 속에서 신음하는 우리에게
유일한 희망은 예수 그리스도의 보혈을 통한 은혜이니,
오늘도 이 믿음을 가지고 주님 앞으로 나아갑니다.
우리의 모든 죄와 악함과 허물을 용서하여 주시옵소서.

참회기도문

11

사랑이 많으신 하나님,
주님 앞에 나올 때마다
회개의 기도를 다시 드려야 하는
우리의 모습을 긍휼히 여겨 주시옵소서.

믿음으로 영원한 구원의 은총을 입은 우리들이지만,
육신의 약함으로 인하여
참된 자유와 해방을 누리지 못하는
우리를 불쌍히 여겨 주시옵소서.

주님은 우리를 위하여 십자가를 지시고
하나님과 화평에 이르게 하셨으나,
우리는 그 깊은 하나님의 구원의 뜻을 알지 못하고
여전히 구원의 기쁨을 누리지 못하며

오늘도 실의와 낙심 가운데 살아가오니,
우리의 믿음 없음을 용서하여 주시옵소서.

하나님께 받은 사랑에 대해 늘 감사한 마음이지만,
그럼에도 어려운 일이 있을 때마다
다시 나약해지고 회의에 빠지며,
불신의 늪에서 벗어나지 못하는,
참으로 줏대 없는 우리를 긍휼히 여겨 주시옵소서.

주님 앞에서 좋은 결심을 하지만,
마음에 원하던 선은 이루지 못하고
원치 아니하던 악을 행하고 마는
참으로 연약하고 불성실한 우리들입니다.

늘 다시 죄악 가운데 빠지는 우리를 용서하여 주시고,
반복되는 실수와 허물, 악한 행위 속에서
빠져나오지 못하는 우리를
불쌍히 여기사 모든 악에서 구하여 주시옵소서.

더러워진 입술과 손을 주님의 보혈로 씻어 주시옵소서.
악한 행실과 우리의 허물을 용서하여 주시옵소서.

참회기도문 12

사랑과 자비가 풍성하신 하나님!
험한 세상을 살다가 주님 앞에 나왔습니다.
깨끗하고 정결한 모습으로 주님 앞에 서고 싶은데,
세상의 오물이 더덕더덕 붙어서
참으로 추하고 초라한 모습입니다.

상큼한 향기로 주님 앞에 나아오고 싶었으나,
도리어 악취가 진동합니다.
하나님, 우리의 이 더러운 차림과 역겨운 냄새는
우리가 어디에 있었는지를 증거하고 있습니다.

주님, 우리가 악한 길에 서 있었음을 회개합니다.
우리의 입술이 거짓을 말하였으며
더러운 말과 상처를 주는 말로 죄를 지었습니다.

선한 일을 계획하고 좋은 일을 행한다 하면서도
위선에 빠질 때가 있었고,
자기 자랑에 함몰되어
하나님을 기쁘시게 하기보다
나 자신을 기쁘게 하는 일에 민첩하였습니다.

하나님을 섬기기보다 재물과 돈과 명예와
온갖 세상의 것들을 부러워하며 살았습니다.
주님, 우리의 죄를 용서하여 주시옵소서.
우리를 위해 십자가를 지시고 생명을 내어놓으신
주님의 희생과 사랑을 기억하게 하시고,
주님께서 우리에게 주시는 참된 자유와 평안을
늘 감사하게 하여 주시옵소서.

참회기도문

13

사랑의 하나님!
늘 후회로 가득한 우리의 인생길에서
오늘도 지나온 길을 돌아보며 주님을 찾습니다.

조금만 더 성실했더라면 하는 아쉬움으로,
조금만 더 바르게 살았더라면 하는 후회를 가지고
주님 앞으로 나왔습니다.
추하고 더러운 모습을 이미 모두 보고 계시니
무엇을 숨길 수 있겠습니까?

그럼에도 우리의 부족함과 허물을
보혈의 은혜로 가리어 주시고,
사랑받을 자격이 없는 우리를
끝까지 변함없이 사랑해 주시니 참으로 감사합니다.

하나님, 값진 희생으로 우리를 자녀로 삼아 주셨는데
값싼 인생을 살아왔음을 회개합니다.
세상의 것에 한눈파느라
하나님 나라의 일에 집중하지 못하고,
맡겨 주신 소명을 다하지 못한 것을 용서하여 주시옵소서.

능력이 많으신 하나님의 자녀이면서도 근심하며 살았고,
사랑을 듬뿍 받았음에도 불평하고 원망하였으며,
생명의 은혜를 받았음에도
살의를 가지고 증오하며 분노하며 살았습니다.

이 시간 우리의 미련함과 게으름과
불신앙적인 삶을 회개하오니
우리를 긍휼히 여기시고
십자가의 보혈로 속량하시며
주님의 의로 우리를 새롭게 하여 주시옵소서.

참회기도문 14

사랑의 하나님,
오늘도 우리를 이끌어 이 자리로 나오게 하시니 감사합니다.
달아도 달아도 무게가 나가지 않는
참으로 모자란 우리를 부족하다 아니하시고,
불러 주시고, 품어 주시는 주님께 찬송을 올려 드립니다.

주님의 사랑을 듬뿍 받았음에도
그 사랑이 부족하다고 늘 투정을 부리는 우리입니다.
하루하루 광야에서 만나를 내려 주셨건만
고기가 없다며 불평했던 이스라엘 백성들처럼
우리의 입술에 불평과 불만이 가득 담겨 있음을 회개합니다.

지금까지 지내온 것이
주님의 은혜였건만,

다른 이들과 비교하면서
때로는 절망하고 낙심하며
하나님을 원망하며 살았던 것을 용서하여 주시옵소서.

하나님께서 맡겨 주신 귀한 것들,
사랑스런 가족들과
소중한 일터,
건강과 사업,
이웃들과 교회의 성도들을
감사한 마음으로 대하지 못한 것을 회개합니다.

주님, 우리의 선하지 못한 품성을 주님께서 잘 아시오니
우리를 불쌍히 여기시고
사죄의 은총을 베풀어 주시옵소서.

참회기도문 15

자비로우신 하나님!
우리의 허물을 아시고, 우리의 죄악을 아시며,
우리의 상처와 근심과 걱정도 잘 아시는 주님,
우리의 마음에는 온갖 더러운 것들이 가득 들어 있어서
주님을 모실 만한 곳이 없습니다.
그럼에도 우리를 주님의 이름 아래 모아 주시고
우리로 하여금 주님께 희망을 두고
기도하며 예배하게 하시니 감사합니다.

주님은 우리를 끝까지 사랑하시지만
우리의 사랑은 늘 조건적이며 이기적입니다.
조금만 어려운 일이 생길 때면
우리의 마음은 불평으로 가득하고
우리의 입술에는 원망과 분노가 넘쳐납니다.

별로 잘한 것도 없으면서도
마땅히 받아야 하고 누려야 할 것으로 생각하는
참으로 못된 아들이요 딸이 우리입니다.
주님, 우리를 용서하여 주시옵소서.

주님께서는 늘 우리와 함께하시며
때마다 만나를 내려 주시고
기적과 능력으로 우리를 보호하시고 인도해 주시지만,
우리는 늘 두려움과 근심 속에서 벗어나지 못하고 있으니
우리의 믿음 없음이 늘 주님 앞에 밝히 드러나 있습니다.

주님, 그럼에도 사랑으로 품으시는 주님을 굳게 믿으며
주님의 보좌 앞으로 나아갑니다.
주님, 우리를 긍휼히 여기시고,
우리의 부족함을 채우시고,
우리의 모든 죄악을 사하여 주시옵소서.

참회기도문 16

사랑의 하나님!
한 해의 마지막을 맞으며 지나온 길을 돌아봅니다.
선한 삶을 살기를,
주님의 뜻을 이루며 주님께 영광을 돌리기를
그토록 바라며 시작한 한 해였지만,
돌아보니, 잎과 가지만 무성한 나무처럼
주님께 내어 드릴 열매가 없습니다.

가지 않아야 할 자리에 있었습니다.
악취가 나는 더러운 곳에서 정욕의 노예가 되어 살았습니다.
악한 말로 상처를 주었고
거짓된 삶과 행동으로 사람들을 속였습니다.

우리에게 주신 귀한 시간을 게으름으로 낭비하였습니다.

귀한 재능, 재물과 달란트를 주셨지만,
한 달란트를 땅에 묻어 두었던 어느 종처럼
그 귀한 것을 제대로 사용하지 못하였고
열매도 거두지 못하였습니다.

주님, 우리의 부족함과
죄악을 용서하여 주시옵소서.
우리에게 주신 그 고귀한 시간이
타들어 가고 소멸되어 감에도 시간을 낭비하며,
주신 달란트를 묻어 두고 살아온
우리를 불쌍히 여겨 주시옵소서.

악취로 진동하는 우리의 죄악된 옷을
주님의 보혈로 깨끗이 씻어 주시고,
더덕더덕 붙어 있는 죄악의 자취들을
못 박히신 손으로 하나씩 떼어 내어 주시옵소서.
깨끗하게 되기를,
정결하게 되기를 원하오니
주님, 우리의 죄와 허물을 용서하여 주시옵소서.

참회기도문
17

사랑의 하나님!
지난 시간을 돌아보며 애통하는 마음으로 주님 앞으로 나왔습니다.
때로는 내 안에서 꿈틀거리는 욕망과 싸우며,
때로는 거짓과 씨름하였습니다.
하지만 오늘도 패잔병처럼 주님 앞에 나올 수밖에 없는
우리를 용서하여 주시옵소서.

하나님께서 우리 마음에 심어 놓으신
양심의 소리에 귀를 막고
이런저런 이유를 들이대며
불의의 자리에 참여하였습니다.

한껏 오만함을 드러내며,
그래야 무시당하지 않는다고 스스로 위안하며

다른 이를 무시하고
약한 이들을 하대하였습니다.

주님은 울부짖는 병자들의 부르짖음을 들으셨고,
홀로 부끄러움을 무릅쓰고 돌무화과나무에 올라간
세리의 마음속 울부짖음도 들으셨지만,
우리는 우리 앞에서 울고 있는 사람들의 눈물조차 무시하였으며
연약한 이들의 소리에 귀를 기울이지 않았습니다.

주님, 우리가 죄인입니다.
우리의 죄를 용서하여 주시옵소서.
거룩하신 주님의 보혈로 우리의 죄와 허물을 사하여 주시고
우리를 새롭게 하여 주시옵소서.

우리에게 맡겨 주신 귀한 사명을 소홀히 하였습니다.
빛과 소금의 사명을 다하지 못하였습니다.
주님의 이름을 욕되게 한
우리의 죄악을 용서하여 주시옵소서.

참회기도문
18

사랑의 하나님!
새날을 선물로 받았음에도 달라진 것이 없고,
새로운 기회를 얻었음에도 변화된 것이 없는,
참으로 뻔뻔하고 무능한 우리들이
주님의 전으로 다시 나왔습니다.
부끄럽고 죄송하오나,
주님께서 여전한 사랑으로 우리를 불러 모아 주시니
그 크신 은혜에 감사를 드립니다.

새로운 결심으로 세상으로 나갔으나
다시 길을 잃고 말았습니다.
넘실거리는 큰 세상의 물결을 보고는
두려움에 그만 믿음을 잃어버렸습니다.

방황하는 우리를 불쌍히 여기시고,
의심 많은 우리의 손을 붙잡아 주시며,
늘 넘어지고 쓰러지는 우리를 다시 일으켜 세우시는 주님,
오늘도 주님의 크신 사랑에 기대어
주님 앞으로 나아가오니
우리를 악에서 구하여 주시옵소서.

죄와 타협하며 살았습니다.
하나님을 믿는다고 하였지만
동시에 또 다른 우상을 우리의 마음에 품고 살았습니다.
욕망의 노예가 되어 사느라
하나님의 참된 종이 되지 못하였습니다.

하찮은 명예와 헛된 욕심을 위해 사느라
주님의 말씀과 뜻을 따라 살지 못하였습니다.
주님, 우리를 불쌍히 여겨 주시옵소서.
우리를 모든 악과 허물에서 건지시고
주님의 능력으로 우리를 다시 새롭게 하여 주시옵소서.

참회기도문 19

은혜로우신 아버지 하나님!
은혜가 아니면 여기까지 올 수 없었습니다.
주님의 은혜가 아니었다면
감히 이 자리에 나올 수조차 없었습니다.

우리가 이곳에
부정한 몸과 더러워진 마음으로 나왔사오나,
주님의 갈보리 십자가, 그 흘리신 보혈을 기억하셔서
허물 많은 우리를 하나님의 자녀로 받아 주시고
예배의 자리에 세우시니 참으로 감사합니다.

신실하신 하나님,
우리가 늘 주님께 신실하지 못함을 긍휼히 여겨 주시옵소서.
무엇보다, 우리가 험한 세상에 나가 사는 동안에

주님의 자녀답게 살지 못한 것을 용서하여 주시옵소서.
세상의 사람과 같은 생각과 태도로
믿음 없는 삶을 살아온 것을 불쌍히 여겨 주시옵소서.

여전히 저속한 말로 사람들에게 상처를 주었고
덕을 끼치지 못하는 삶을 살았습니다.
죄악 중에 살았고 악과 더불어 살았습니다.
주의 뜻이 아닌 줄 알면서도 헛된 길을 걸었습니다.
영원한 것을 바라본다 하면서도
실은 땅의 것에 매여서 노예처럼 살았습니다.
주님, 우리를 용서하여 주시옵소서.

교만하였습니다.
진실한 척하였으나, 실은 위선의 삶을 살았습니다.
주님께서 찾으시는 줄 알면서도
나무에 숨었던 아담과 하와처럼
우리도 늘 하나님 앞에서 숨기를 원하며 살았습니다.
주님, 우리를 용서하여 주시옵소서.

오늘도 주님께 희망을 두고 나온 우리를
지극히 불쌍히 여겨 주시고
죄 사함의 은총, 회복의 은혜를 내려 주시옵소서.

참회기도문
20

사랑의 하나님!
단 일회의 삶을 살아가는 우리에게 주신 귀한 한 주가
또다시 속절없이 흘러갔습니다.
하나님께서 우리에게 주신 귀한 시간들을
허비하고 낭비한 우리의 게으름을 용서하여 주시옵소서.
시간이 가진 무한한 가치를 살리지 못하고
선하게 사용하지 못한 우리를 불쌍히 여겨 주시옵소서.

하나님은 늘 우리에게 시간 속에서
주님께 더 가까이 나아갈 기회를 주시지만,
우리는 도리어 날이 갈수록 주님과 멀어지고
세상과 타협하려는 죄성을 가지고 있습니다.
아담과 하와가 나무 아래 숨듯이
오늘도 우리는 주님 앞에서 숨으려는 자요,

패역한 아들과 딸입니다.

잃어버린 한 마리의 양을 찾아 나선 선한 목자처럼
주님은 오늘도 우리를 찾고 부르시지만,
우리는 애타는 주님의 음성을 외면하였습니다.
나 홀로 살 수 있다고 자신하는 우리의 교만을
주님, 불쌍히 여겨 주시옵소서.
헐벗었으나 벗은 것을 알지 못하고
풍요롭다 생각하는 미련한 우리를 긍휼히 여겨 주시옵소서.

하나님, 그래도 오늘 연약한 우리들이
작은 믿음을 가지고 주님 앞에 나왔사오니
우리를 불쌍히 여기시고,
우리를 고치시며, 우리를 싸매어 주시옵소서.

참회기도문 21

사랑과 긍휼로 우리를 대하시는 하나님!
오늘도 주님 앞으로 나오는 우리를 용납하시고
정결하지 못한 죄인의 기도에
귀를 기울여 주시니 감사합니다.

세상으로 나갈 때에는 큰 기대를 가지고 떠났지만,
아버지 집으로 돌아오는 길은
후회와 부끄러움뿐입니다.
세상의 것들로 오염되어 악취가 진동하는
우리를 불쌍히 여겨 주시옵소서.

들어가지 않아야 할 곳에 들어가 앉았습니다.
함께하지 않아야 할 사람들과 같이 있었습니다.
주님께서 기뻐하지 않으실 일들에 참여하였습니다.

참아야 했는데, 인내하지 못하였습니다.
믿음을 가지고 기다려야 했는데, 불평하며 의심하였습니다.
선을 행하며 낙심하지 말아야 했는데,
끝까지 충성하지 못하였습니다.

우리의 언어가 하늘의 언어가 되지 못하고
탐욕스럽고 저급한 언어가 되어
사람들의 마음을 아프게 하였음을 회개합니다.
우리의 삶이 하나님의 뜻을 이루는 일에
민첩하지 못하여
주님께 영광을 돌리지 못한 것을 용서하여 주시옵소서.

진리 안에서 자유하지 못하고
늘 조급하여 진정한 평화를 누리지 못하는
우리를 불쌍히 여겨 주시옵소서.

주님은 우리를 있는 그대로의 모습으로 받아 주시고 용서해 주시건만
우리는 우리에게 작은 잘못을 저지른 사람도
용서하지 못하고 받아들이지 못하였습니다.
주님, 우리의 좁은 마음과 사랑 없음을 용서하여 주시옵소서.

주님 앞에 나와 모든 잘못을 고백하며
주님께 사죄의 은총을 구하는 모든 사람들을
불쌍히 여기시고 구원하여 주시옵소서.

참회기도문 22

사랑의 하나님!
고개 숙여 주님 앞에서
참회의 기도를 드릴 수밖에 없는
우리를 긍휼히 여겨 주시옵소서.

우리에게 가정을 주시고
사랑을 배우고 실천하게 하셨으나
도리어 우리는 우리의 가족을
아끼고 사랑하지 못하고,
천국이 되어야 할 가정을
때로는 지옥과 같은 고통의 자리로 만들었습니다.

배운 대로 살지 못하고,
아는 만큼 실천하지 못하며,

마음먹은 만큼 행동하지 못하는
우리의 부족함을 용서하여 주시옵소서.

가까운 이에게 도리어 상처를 주고,
더 사랑해야 할 사람을 도리어 시기하고 미워하며,
더 아끼고 도와야 할 이를 더 힘들게 하고 괴롭히는
우리의 못된 심성을 용서하여 주시옵소서.

얄팍한 이기심에 휘둘리어
손해 보지 않으려는 마음에
싸움을 부추기고 분열을 만드는,
그리하여 하나님을 기쁘시게 하지 못하는,
참으로 가련한 우리를 불쌍히 여겨 주시옵소서.

주님의 뜻을 앞세우며 살아가야 할 우리들이
어리석게도 나의 욕망을 앞세우며 살았음을 회개합니다.
잠시 살아가는 인생의 길인데
마치 영원히 살 것처럼 이 세상에 애착을 가지고 살았음을
또한 회개합니다.

하나님, 이 시간 우리의 모든 죄악을 주님 앞에 내어놓고 회개하오니
우리를 불쌍히 여기시고
주님의 보혈로 이 모든 악에서 우리를 건져 주시옵소서.

참회기도문 23

은혜로우신 하나님!
주님의 품 안에서 주일을 맞이합니다.
이날이 모두에게 허락된 날이 아님을 알기에
감사함으로 기도의 자리로 나아갑니다.

"너는 흙이니 흙으로 돌아갈 것이니라"(창 3:19).
주님의 말씀을 다시 생각합니다.
유한한 인생을 살아가는 우리들인데
우리는 늘 우리의 현실을 바르게 보지 못하고
우리의 욕망에 속고
우리의 야망에 마음을 빼앗겼습니다.
한껏 교만하였습니다.
영원히 살 것처럼 안심하며
이 세상의 쾌락을 즐겼습니다.

거짓된 세상에서 거짓과 타협하며 살았고
어두운 곳에서 악을 행하며 살았습니다.
불의한 일을 행하면서도 요행을 바라며 살았습니다.

게으름과 나태함의 포로가 되어
주님을 아는 일과 말씀을 배우는 일,
그리고 기도하는 일을 미루고 멀리하였습니다.

하나님,
불성실하고 무기력하며
비뚤어진 우리를 용서하여 주시옵소서.

죄악과 더불어 살아가는 우리를
십자가의 보혈로 구하여 주시고
새롭게 하여 주시옵소서.

참회기도문 24

사랑의 하나님!
허물 많은 우리를 내치지 않으시고
우리의 더러운 손을 잡아 주시며
냄새나는 몸을 거룩한 품에 안아 주시니
감사합니다.

따스한 하나님의 숨결을 느끼는 이 시간,
우리가 주님의 사랑 가운데 있음을
고백합니다.

부족한 종, 게으른 종입니다.
불충한 종입니다.
악한 종입니다.
그럼에도 기다려 주시고

자비와 궁휼을 날마다 베풀어 주시니
참으로 감사합니다.

하나님, 우리의 허물과 죄를 돌아보며
주님의 보혈을 의지하며
주님께 고백합니다.

말씀대로 살지 못한 우리를 용서하여 주시옵소서.
악한 생각을 하며 시기와 교만, 분노와 불평으로
사람들을 미워하고 괴롭게 하였습니다.
너그러운 말로 격려하지 못하고
따뜻한 품으로 감싸 주지 못한 것을 회개합니다.

정욕을 다스리지 못하였습니다.
욕심과 욕망을 따라 부끄러운 자리까지 나아갔습니다.
살기가 등등하였고
거짓이 가득하였습니다.
주님, 참으로 못나고 더러운 우리를 불쌍히 여겨 주시옵소서.
주님께서 흘리신 십자가의 보혈을 의지하여 주님께 구하오니
우리를 용서하여 주시옵소서.

참회기도문 25

거룩하신 하나님!
주께서 죄를 살피시면 누가 감히 이 자리에 설 수 있으며,
주께서 죄를 심판하시면 어느 누가 그 진노를 피할 수 있겠습니까?
우리가 죄인임에도
이 자리에 나와 주님 앞에 설 수 있는 이유는
주님의 자비와 긍휼이 한이 없으시기 때문입니다.

방황하는 이들을 불러 모으시며,
어리석고 우둔한 우리를 바른길로 인도하시며,
늘 넘어지고 쓰러지는 우리를 손잡아 일으켜 주시는 주님께
감사와 찬송을 올려 드립니다.

기다려 주시는 주님,
회개하기를 주저하며

주님 앞으로 나오기를 머뭇거리는
우리를 불쌍히 여겨 주시옵소서.

우리 안에 가득 들어 있는 악한 생각들을 제하여 주시고
모진 마음과 굽어지고 뒤틀어진 심성을 바로잡아 주시옵소서.

너무나 많은 것을 움켜쥐고자 하여
욕망의 노예가 되고 말았습니다.
주님께서 건강과 지혜와 물질과 많은 좋은 것들을 주셨지만
우리는 주님의 은혜에 감사하지 아니하고,
도리어 불평하고 의심함으로 주님의 마음을 아프게 하였습니다.
주님, 우리의 죄를 용서하여 주시옵소서.

하나님,
믿음으로 살지 못한 것을 용서하여 주시옵소서.
사랑하며 살지 못한 것을 용서하여 주시옵소서.
소망하며 살지 못한 것을 용서하여 주시옵소서.
겸손하게 살지 못한 것을 용서하여 주시옵소서.
이 세상의 것들을 사랑하느라
하나님을 사랑하지 못한 것을 용서하여 주시옵소서.

우리의 모든 죄를 고백하며 주님께로 나아가오니
주님께서 우리를 위하여 흘리신 보혈을 기억하사
우리의 죄를 사하여 주시옵소서.

참회기도문 26

거룩하신 하나님!
은혜가 아니면 이 자리까지 올 수 없었습니다.
주님께서 불러 주시지 않았다면 여기에 있을 수 없습니다.
과거 우리의 모든 죄를 용서하시고,
오늘 우리의 부족함도 용납하시며,
미래 우리의 실수까지도 받아 주실 주님께
감사와 찬송을 올려 드립니다.

그 크신 사랑에 의지하여
돌아오는 탕자의 심정으로 감히 주님께
참회의 기도를 드립니다.

좁은 생각과 불신앙의 마음으로
하나님의 뜻을 따라 살지 못한

우리를 용서하여 주시옵소서.
하나님의 능력과 주시는 힘으로 살아가야 할 우리가
세상의 힘과 위용에 눌려서 땅의 것만 찾으며
살아온 것을 용서하여 주시옵소서.

세상의 빛과 소금이 되라고 부탁하신 말씀,
그 말씀대로 살지 못하고
도리어 세상 사람들의 걱정거리가 되고
비난거리가 됨으로 하나님의 마음을 아프게 하고,
주님의 이름을 영화롭게 하지 못한 죄를
용서하여 주시옵소서.

거짓을 말함으로, 쉽게 정죄함으로,
시기함으로, 불평함으로, 알지 못하고 말함으로
우리 공동체를 망가뜨리고
주님의 교회를 든든히 세우지 못한
우리를 용서하여 주시옵소서.

늘 회개한다 하면서도
회개에 합당한 열매를 맺지 못하는
우리를 긍휼히 여겨 주시옵소서.

참회기도문

27

마지막까지 참아 주시고, 끝까지 기다려 주시는 사랑의 하나님!
오늘도 주님의 용서와 사랑에 의지하여
예배의 자리로 나왔습니다.
베풀어 주신 은혜를 생각하면 감사와 찬송이 가득하오나
자신의 모습을 돌아볼 때면 한없이 부끄럽고 죄송할 뿐입니다.

주님께서 사랑으로 우리를 부르시고 인도하시지만
우리는 주님의 음성을 외면하여 세상으로 나갔고,
주님을 의지하고 따르기보다는
세상의 힘과 권력에 기대어 살았음을 회개합니다.

영원한 것을 주시려고 주님께서 이 땅에 오셨으나
우리는 순간의 것, 잠시의 쾌락과 육체의 것을 탐닉하느라
부끄러운 삶을 살았음을 회개합니다.

썩어질 육체를 위하여 사느라
이웃을 돌보지 못하였고,
잠시 머무는 세상에서 나그네로 사는 인생임에도
모든 것을 다 가지려고 욕심을 부리다가
더럽고 추한 모습이 되고 말았습니다.

늙어 가면서 깨달음과 지혜로움이 더해 가지 못하고
도리어 악한 본성이 드러남으로,
우리의 부끄러움이 되고 있사오니,
주님, 우리를 불쌍히 여겨 주시옵소서.

한없는 주님의 은혜를 받았으면서도
받은 은혜를 나누지 못하고,
도리어 다른 이를 정죄하며 용서하지 못하는,
우리의 부족함을 용서하여 주시옵소서.

우리는 주님 앞에 한없이 부끄러운 죄인들입니다.
주님, 우리의 모든 죄를 십자가의 보혈로 속량하여 주시고
은혜받은 자로 새롭게 하여 주시옵소서.
구원의 감격이 가득하며,
그 감격으로 서로 용서하고
용납하는 우리가 되게 하여 주시옵소서.

참회기도문 28

신실하신 하나님!
잃어버린 한 마리 양을 찾아 나선 선한 목자처럼
세상 길에서 방황하며
죄의 무게에 신음하며 살아가는 우리를 찾으시고
오늘도 주님의 품에 안아 주시니 감사합니다.

유한한 인생을 살아가는 우리들이
죄와 사망의 권세가 여전히 지배하는 듯 보이는 이 땅에서
영원하신 하나님의 나라를 바라보며
이 자리에 나왔습니다.

우리의 선행과 노력으로는
결코 닿을 수 없는 하나님과의 거리를
예수 그리스도의 십자가를 통하여 연결하시고

그저 믿기만 하라고 말씀하신 주님,
우리는 이 놀라운 하나님의 구원의 복음을
온전히 믿지 못하고
여전히 불안과 두려움 속에서 살았음을 회개합니다.

십자가를 통하여 우리의 모든 죄를 용서하여 주셨음을
말씀으로 들었음에도
여전히 죄의 짐을 지고, 참된 자유를 누리지 못하고
살아가는 우리를 불쌍히 여겨 주시옵소서.

주님께서는
십자가를 앞에 두고서도
"아버지의 뜻대로 하시옵소서" 하시며 순종하셨건만,
우리는 하나님의 위대하신 뜻과 섭리를 이해하지 못한 채
작은 고난에도
좁은 소견으로 하나님께 반항하고
내 뜻대로 살려 하였사오니,
이것이 우리의 부끄러움이며 죄악입니다.
주님, 우리를
용서하여 주시옵소서.

참회기도문
29

거룩하신 하나님!
기쁨이 충만한 오늘,
주님의 자녀들이 주님 앞에 모였습니다.

우리에게 의로움이 있어서가 아니고
우리 안에 성결함이 있어서도 아닙니다.
주님께서 십자가와 부활로 이루신
그 구원의 은혜로 말미암아
오직 믿음으로 우리가 이 자리에 있음을
감사한 마음으로 고백합니다.

죄와 사망의 힘이 여전히 위력을 발휘하는 듯 보이는
이 세상이기에
우리는 늘 세상의 유혹에 마음을 빼앗기곤 합니다.

죽음이 끝인 것 같은 착시를 주는
이 세상이기에,
우리는 늘 실패를 두려워하며 비겁하게 살아갑니다.
하나님, 우리의 믿음 없음을 용서하여 주시옵소서.

죄악과 더불어 살았습니다.
어두움 속에 숨어 방탕한 일을 행하였습니다.
모든 것을 아시고 보시는 주님 앞에서
참으로 추하고 가증한 일들을 행하였습니다.

주님은 부활의 소망으로
우리가 새사람을 입기 원하시지만,
우리는 여전히 옛 생활을 벗지 못하고
무거운 짐을 지고 살아가오니
우리를 불쌍히 여겨 주시옵소서.

게으르고 부족한 우리를 긍휼히 여기사
우리를 용납하시고
다시 새 은혜로 채워 주시옵소서.

참회기도문 30

은혜 가운데 한 주간을 보내고
다시 주님 앞으로 나왔습니다.
그동안 많은 일들이 있었지만
그래도 믿음을 잃지 않고
건강을 잃지 않으며
예배의 자리에 나오게 하시니 감사합니다.

세상으로 나갈 때에는 부활의 소망이 넘쳤지만,
한 주간을 보내고 주님께로 돌아오는 길은
실망과 부끄러움으로 가득합니다.

밝은 빛이 되지 못하였고
맛을 내는 소금도 되지 못하였습니다.
어둠 속에 숨어 죄를 지었고

소란한 세상 속에서 정신없이 방황하였습니다.
성공을 향해 달려갔지만
낭떠러지 앞에 서게 되었고,
쾌락과 정욕, 즐거움을 찾아 나아갔지만
얻은 것은 타는 갈증과 목마름뿐입니다.

주님을 위해 일한다고 했던 것들조차
실은 나의 영광을 위해 일한 것은 아니었는지
돌아보며 회개합니다.
하나님, 우리는 참으로 부족합니다.
우리를 불쌍히 여겨 주시옵소서.

주님은 모든 것을 아시오니
우리 속에 있는 것 가운데
하나도 모르시는 것이 없으십니다.
주님, 긍휼을 베푸사
우리 안의 죄악과 허물과 부족함을
주님의 보혈로 깨끗이 씻어 주시고
우리를 주님의 사람으로 다시 새롭게 세워 주시옵소서.

참회기도문 31

사랑의 하나님!
상한 심령으로,
상처 입은 모습으로
주님께로 나왔습니다.

세상에서 성공을 찾고 행복을 찾았지만
우리가 얻은 것은 마음의 병뿐이며,
근심과 걱정이며,
실망과 좌절뿐입니다.
하나님, 우리를 불쌍히 여겨 주시옵소서.

바르게 살기를 원하고
기쁘게 살기를 원하오나
우리는 죄의 자리에서 맴돌며

부끄러운 모습으로 살았음을 회개합니다.
주님, 우리를 용서하여 주시옵소서.

빛으로 나아가기를 원하오나
여전히 우리 안에 어둠이 있음을 주님께서는 잘 아십니다.
깨끗하기를 원하오나
여전히 우리 안에 더러움이 가득함을 주님께서 아십니다.
주님, 우리를 불쌍히 여겨 주시옵소서.

내가 평안하기에 고통당하는 이들을 잊고 살았습니다.
내가 안전한 곳에 있기에
위험한 곳, 환란 중에 있는 이들을 생각하지 못했습니다.
내가 배부르기에 배고픈 이들의 마음을 헤아리지 못하였습니다.
늘 이기적인 우리들은 나만을 생각하느라
다른 이들의 아픔을 알지 못하고
한없이 무정한 우리를 용서하여 주시옵소서.

조금 더 인내하고 참았으면 좋았을 텐데
참지 못하였습니다.
조금 더 사랑하고 품어 주었으면 좋았을 텐데
실행하지 못하였습니다.
주님, 우리의 모든 죄악을 용서하여 주시옵소서.

참회기도문 32

사랑과 자비가 풍성하신 하나님!
오늘도 주님 앞에 나올 수 있음이 은혜이고 감사입니다.
세상의 화려한 곳에 눈이 팔려
진정한 나의 실존을 보지 못하고
하나님께서 허락하신 고귀한 시간을 허비하며 살아가는 우리를
불쌍히 여기시어 오늘도 찾으시고 부르시며,
주님의 음성을 듣게 하시니 감사합니다.

멀리멀리 갔다가
제 갈 길로 가다가 그만 길을 잃었습니다.
나의 모든 감각은 정욕과 욕심으로 인해 망가지고 무디어졌습니다.
어떻게 살아가야 할지,
어디로 가고 있는지 알지 못한 채
그저 하염없이 인생을 걸어가고 있는 우리를

주님, 불쌍히 여겨 주시옵소서.

하나님, 우리가 받은 귀한 달란트를
그것을 허락하신 주인의 마음으로
헤아리지 못한 것을 회개합니다.
적은 것을 주실 때도 뜻이 있고
큰 것을 주실 때도 뜻이 있음을 알지 못하였습니다.
더 많이 받은 사람을 시기하고
내가 받은 것에 만족하지 못한 것이
나의 교만이었음을 이제야 깨닫습니다.

주님, 우리의 못된 마음을 용서하여 주시옵소서.
미워하는 마음, 누르고 싶은 마음,
못되게 하고 싶은 마음으로 거짓을 서슴없이 말하고
악행을 두려움 없이 행하는 우리를 용서하여 주시옵소서.

또한 거짓과 죄를 행하고서도
거룩한 척, 깨끗한 척,
화려한 수사와 행동으로 자기를 자랑하고 변호하는
못된 우리의 심성을 불쌍히 여겨 주시옵소서.
이것이 죄임을 깨닫게 하시고,
회개하게 하시옵소서.

참회기도문 33

사랑의 하나님!
성품으로도, 도덕적으로도, 그리고 양심에 비추어서도
도저히 하나님 앞에 설 수 없는 우리인데,
주님의 보혈을 의지하여
오늘도 감히 이 자리에 나왔습니다.

오늘도 여전히 부족하고 부끄럽습니다.
찬송을 부르며 살기를 원했지만 그러지 못하였습니다.
말씀대로 살기를 결심하고 교회 밖으로 나갔으나
돌아오는 길은 한없이 부끄러울 뿐입니다.
기도하며 감사하며 살기를 원하였으나
앞에 놓인 문제들을 홀로 해결하느라
기도할 시간을 갖지 못했고
늘 두려움과 걱정 속에서 믿음 없는 삶을 살았습니다.

이것이 우리의 불신앙이오니
주님, 우리를 불쌍히 여기시고, 용서하여 주시옵소서.

사랑하는 일은 힘들어하고 미워하기는 쉽게 하였습니다.
진리대로 살기는 머뭇거렸으나
도리어 악을 행하는 데에는 빨랐습니다.
주님 뜻을 따라 살기는 주저하면서도
불의와는 쉽게 타협하며 살았습니다.
주님, 우리를 불쌍히 여기사
우리가 행한 모든 죄악을
그리스도의 보혈로 깨끗이 씻어 주시고, 용서하여 주시옵소서.

우리는 늘 부족하고 불완전하며,
향방 없이 흔들리는 존재들입니다.
우리의 손을 붙잡아 주시고
우리의 발걸음을 인도하여 주시옵소서.
우리가 죄의 길에서 속히 벗어나게 하시고
주님께서 이끄시는 거룩한 길로 들어서게 하여 주시옵소서.

참회기도문 34

늘 기다려 주시고, 참아 주시는 하나님!
오늘도 우리를 사랑으로 맞아 주시니 감사합니다.
죄로 인하여, 허물로 인하여
늘 상처투성이인 우리를 끝까지 찾으시어
고치시고 새롭게 하시는 주님께 영광과 찬송을 올려 드립니다.

동족 간의 전쟁으로 신음하던 우리에게
도움의 손길을 보내시어
이 땅을 하나님을 섬기는 나라로
세워 주셨음을 감사합니다.

주님, 오늘도 우리는 이 자유로운 나라 대한민국에서
이념의 분쟁과 정치적 싸움으로
하나님께서 기뻐하시는 나라를 세워 가지 못하고 있음을

안타까운 마음으로 회개합니다.

하나님께서 주신 귀한 자유를
하나님을 섬기는 일에 사용하지 못하고,
악한 욕망과 세상의 권세를 따르는 일에
사용하는 우리를 불쌍히 여겨 주시옵소서.

하나님, 조금만 내가 원하는 대로 되지 않아도
불평하고 인내하지 못하는
우리의 못된 습성을 용서하여 주시옵소서.
나의 안위, 욕망을 이루는 일에만 관심을 두고 사느라
옆에서 울고 있는 이웃들, 어려운 사람들의 마음을
헤아리지 못했음을 회개합니다.

하나님, 우리의 허물과 죄가 이와 같이 크고 중하오니
우리가 마음을 찢으며 주님께 회개합니다.
주님의 거룩하신 보혈로 우리의 모든 죄를 사하심을 믿사오니,
오늘도 우리가 이 주님의 크신 긍휼 안에서
새사람이 되게 하여 주시옵소서.

참회기도문 35

사랑의 하나님!
오늘도 우리를 주님 앞으로 부르시어
방황의 길에서 돌이키게 하시니 감사합니다.
끝도 없이 이어지는 막막한 이 세상의 길에서
잠시 벗어나 나를 돌아보고
주님 앞에서 나의 삶을 반추하고, 뉘우치며, 회개합니다.

흙으로 지어진 우리요, 결국은 티끌로 돌아갈 우리인데,
참 많이도 교만하였습니다.
하나님의 형상으로 지어진 우리인데,
어느덧 우리 안에서는 그 아름다운 형상은 찾을 길이 없고
온갖 악함과 더러움과 죄악으로 가득 차 있으니
참으로 안타깝고 죄송한 마음뿐입니다.

하나님, 맑은 눈과 시력을 주셨으나
세상에 나가 살면서 그만 눈이 더러워졌습니다.
신선한 후각을 주셨으나
오물과 같은 것들을 처리하지 못하여
여기저기 썩은 냄새들이 진동함을 느낄 뿐입니다.
아름다운 소리들을 들으라고 두 귀를 열어 주셨으나
온통 들려오는 소식은 절망과 한탄의 소식뿐입니다.

하나님, 모든 것이 우리가 행한 일로 말미암음이니
우리가 그 결과를 먹고 마시고 있습니다.
우리를 불쌍히 여겨 주시옵소서.

하나님, 악한 이들이 형통함을 보며
하나님을 원망할 때도 있었습니다.
우리를 돌보지 않으시는 것 같아서
마음이 약해질 때도 있었습니다.
다시 생각하니, 이것이 우리의 믿음 없음임을 깨닫습니다.
주님, 우리의 연약함을 긍휼히 여겨 주시옵소서.

오늘도 주님 앞에 나와
죄를 고백하며 사죄의 은총을 구하오니
주님, 이 시간, 우리 모두가 용서하시는
주님의 그 크신 은혜를 얻게 하여 주시옵소서.

참회기도문
36

사랑과 긍휼로 우리를 돌보시는 하나님!
벌거벗은 수치를 알지 못하고
욕심과 욕망으로 더러워진 마음을 스스로 깨닫지 못하던 우리를
오늘도 다시 부르시어
주님의 말씀을 들려주시며 회개하게 하시니 감사합니다.

죄의 길에서 방황하다가 주님 앞으로 나왔습니다.
욕망을 따라 멀리멀리 갔다가
처량하고 곤한 모습으로 주님께로 나왔습니다.
지친 마음, 애통하는 마음을 가지고
은혜의 보좌 앞으로 나아가오니
우리의 모든 죄와 허물을 용서하여 주시옵소서.

음란과 탐욕의 눈으로 많은 죄를 지었습니다.

증오와 미움으로 우리의 마음을 어지럽게 하였습니다.
거짓된 행실로 하나님께 근심도 많이 드렸습니다.

깨달은 대로 살지 못하였고
말씀을 따라 살지도 않았습니다.
주님은 정결함을 원하시지만
우리는 더러움에서 헤어 나오지 못하였고
사랑하며 살기를 원하시지만
우리는 용서하지 못한 채, 서로 원수를 맺으며 살았습니다.
주님, 이제 우리를 불쌍히 여기시고
이 방황과 고통에서 우리를 구원하여 주시옵소서.

온갖 억울한 마음에서 벗어나지 못하고
원망하는 마음에서 헤어 나오지 못하였습니다.
하찮은 이득을 얻기 위해 양심을 팔고
주님의 이름도 욕되게 하였습니다.
게으름과 나태함으로 주님의 뜻을 행하는 데 민첩하지 못하였습니다.
주님, 우리의 모든 죄를 회개하오니
우리에게 사죄의 은총을 허락하여 주시옵소서.

부록 1

교회력

참회기도문 01

대림절 첫째 주일

하나님, 다가오는 마지막 날을 생각하면서
주님의 자녀들이 함께 모였습니다.
주님의 강림을 기다리는 거룩한 대림절 첫 주일,
모든 것이 끝나는 종말을 생각하는 이 귀한 날에
주님께서 심판주로 오실 것을 믿음으로 고백하며
우리의 모습을 돌아봅니다.

먼저, 우리에게 주셨던 것을 세어 봅니다.
주님께서 맡겨 주셨던 달란트를 과연 어떻게 하였는지 돌아봅니다.
주님이 무서워 그저 땅에 묻어 둔 것은 아닌지,
게으름과 나태함으로 그저 시간만 보낸 것은 아닌지,
그저 무의미하게 보낸 날들을 회고하며
우리의 부족한 모습을 회개합니다.

또한 하나님께서 우리에게 주셨던 사람들을 생각합니다.
가까운 가족들을 우리에게 선물로 주셨는데
뜨겁게 사랑하지 못했습니다.
도리어 그들의 마음을 아프게 하였습니다.
함께 살아가는 귀한 이웃들도 정성껏 섬기지 못했습니다.
믿음의 식구인 성도들도 더 깊이 사랑하지 못했습니다.
하나님, 우리의 부족함과 죄악을 용서하여 주시옵소서.
바르게 말하지 못한 죄, 덕을 세우지 못한 죄,
사람들에게 상처를 주었던 우리의 못된 심성과 언어들을
주님, 용서하여 주시옵소서.

하나님, 늘 마지막을 생각할 때마다
떠들썩한 소음이 아니라
조용히 나의 내면의 소리를 들으며
하나님께 더욱 가까이 갈 수 있기를 원합니다.
흙으로 돌아갈 인생이
영원하신 주님께 은혜를 구하오니
우리를 불쌍히 여기사,
한없이 부족하고 연약하며 죄로 가득한 우리의 몸과 영혼을
주님의 은혜로 새롭게 하여 주시옵소서.
소망 없이 방황하는 우리의 영혼을
주님, 불쌍히 여기시고 구하여 주시옵소서.

참회기도문 02

대림절 둘째 주일

사랑의 하나님!
날아가는 바람과 같은 인생을 살아가는 우리들이
영원하신 주님 앞에 나와 무릎을 꿇었습니다.
우리를 창조하시고 우리에게 생명을 주신 하나님,
하나님께서 주신 단 한 번의 삶을
과연 우리가 바르게 살고 있는지 다시 돌아봅니다.

찬송하고 감사하며 살기를 원하였지만 그렇게 살지 못하였고
주님의 말씀을 따라 살기 원하였지만 그렇게 해 내지 못하였습니다.
사랑을 배웠으나 사랑을 실천하지 못하였고
진리를 알았으나 진리를 따라 살지 못하였습니다.
불의를 알고 죄악을 알았으나 그것을 과감히 떠나지 못하고
도리어 불의와 타협하며
죄악에 점점 더 깊숙이 빠져 살아왔습니다.

신앙을 고백하고 믿음을 말하였지만,
주님을 의지하며 주님의 뜻대로 살지 못한 채
절망하고 한숨을 쉬며,
분노하고 원망하며 살았습니다.

주님, 우리의 허물과 죄를 용서하여 주시옵소서.
하나님 앞에서 부끄럽게 행한 모든 것들과
우리의 바르지 않은 언어를
주님께서 불쌍히 여기시고 용서하여 주시옵소서.
늘 자신만 아는 이기적인 생각의 구조에서
빠져나오지 못하고 돌이키지 못하면서
자기 사랑의 극치를 살아가는 우리를,
그래서 다른 사람들에게 도리어 근심거리가 되고
걱정거리가 되어 온 우리를
주님, 용서하여 주시옵소서.

참회기도문
03

대림절 셋째 주일

참으로 자비로우신 하나님!
시위를 떠난 화살이 다시 돌아올 수 없듯이
우리의 삶도 다시는 돌아올 수 없는 곳으로 달려갑니다.

모든 것이 타들어 가고
모든 것이 소비되어
더 이상 아무것도 남지 않을 우리를 위하여
당신의 귀한 아들 예수 그리스도를 보내어 주셔서
우리가 거할 처소를 예비하여 주심을 참으로 감사드립니다.

이 소식, 이 귀한 희망이
모든 사람에게 전파되기를 원하시는 하나님,
그러나 우리는 이 아름다운 복음을
우리의 이웃에게 제대로 전하지 못하였습니다.

복된 소식을 기뻐하지 못하고
세상에 전하지 못한 우리의 허물을 용서하여 주시옵소서.

다시 오실 그날을 기다리는 대림절을 보내면서
신랑을 기다리던 신부가 등불의 기름을 준비하듯이
우리의 옷깃을 여미며
지금까지 나태하였던
우리의 삶을 되돌아보며
우리의 게으름과 부족함을 회개합니다.

우리는 주님의 말씀을 따라 살지 못하였고
주님만을 의지하며 살지도 않았습니다.
세상이 주는 유혹에 빠져서 헛된 꿈을 꾸며
주님께서 우리에게 허락하신 단 한 번뿐인 삶을
제대로 살아 내지도 못하였습니다.
여전히 주님 앞에 숨기고 싶은 것들이 참 많이 있습니다.
하나님, 우리의 허물과 죄를 용서하여 주시옵소서.

이 시간, 주님의 오실 날을 간절히 기대하며
심히 애통하는 사람들에게 주님께서 은혜를 내려 주시옵소서.
잘못 살아온 시간들을 반성하며 안타까워하는 모든 사람들에게
주님께서 약속하신 평안을 주시옵소서.

참회기도문 04

대림절 넷째 주일

사랑과 자비로 우리를 대하시는 하나님!
주님께로 나아오는 부족한 우리를 용납하시며
오늘도 은혜로 품어 주심을 감사드립니다.
늘 주님 앞에 나올 때마다
주님을 뵐 면목이 없고,
우리의 죄를 돌아볼 때마다
하나님과 사람들 앞에서 한없이 부끄럽습니다.
오늘날 사회 저변에 깔려 있는
부끄러운 모습들을 보면서
우리의 참담한 현실과 안타까운 상황을 확인하게 됩니다.
그 모습 속에 나의 모습, 우리의 모습이 있음을 다시 보며
통회하는 마음으로 주님께 기도합니다.

하나님, 우리는 너무나 자주 양심의 거리낌도 없이

부끄러운 일들을 많이 저질렀습니다.
많은 사람들이 하고 있다는 이유로
바르지 않고 정의롭지 않은 일들을 서슴없이 행하였습니다.
이러한 우리의 모습을 돌아보며 주님께 회개합니다.
하나님 앞에 서 있듯이,
심판하시는 분 앞에서 행하듯 말하거나 살지 못하였음을 회개합니다.

대림절 넷째 주일을 보내며 주님의 오심을 간절히 기대합니다.
심판하시는 주님 앞에서 우리는 두려울 수밖에 없사오나,
그리스도의 보혈과 자비하신 주님의 사랑에 의지하여
오늘도 주님의 은혜를 구하오니,
탕자를 맞이하시듯
주님께서 마지막 날에 우리를 살리시고
주님의 크신 품에 받아 주시옵소서.

대림절 첫째 주일

크신 사랑과 긍휼로 우리를 대하시는 하나님!
주님의 부르심과 인도하심을 따라
주님의 자녀들이 모였습니다.
허물이 크고 참으로 부족한 우리들인데,
지난 시간 동안도 주님께서 눈동자와 같이 지켜 주셔서
평안을 누리게 하셨으니 참으로 감사합니다.

하나님, 주님 앞에 설 때마다
우리의 마음에는 늘 죄송함과 안타까움이 있습니다.
바르게 살고 싶었는데
휘어지고 뒤틀린, 부끄러운 삶을 살았습니다.
욕심에서 우러나는 말과 행동으로 실수도 많이 하였습니다.
주님의 자녀답지 못한 모습으로 인해 하나님께 근심이 되었습니다.

오직 은혜로만 사는 인생인데
내 힘으로 사는 것인 양 착각하며 교만한 삶을 살았습니다.
주님의 사랑을 받으면서도 감사하지 않았고,
도리어 불평과 불만으로
주님의 마음을 아프게 하였습니다.
내 뜻만을 고집하다가
주님께서 내려 주시는 귀한 기회들을 놓쳐 버렸고,
하나님의 뜻을 알면서도 그 길로 행하지 않았습니다.
주님께서 말씀하시는 바를 깨닫고
수없이 마음에 감동이 있었음에도
말씀대로 살지 못한 우리를 용서하여 주시옵소서.

주님의 오심을 기다리는 대림절 첫째 주일을 맞이하면서
우리가 과연 주님을 간절히 기다리고 있는지 다시 생각해 봅니다.
주님, 세상에 깊숙이 몸과 마음을 두고 사는
우리를 용서하여 주시옵소서.

참회기도문
06

대림절 둘째 주일

사랑으로 우리를 대하시는 아버지 하나님!
오늘도 주님의 은혜 가운데 대림절 둘째 주일을 맞습니다.
생명을 받아 이 세상에 태어난 것도 은혜이고,
지금까지 험한 세상에서 안전히 살아온 것도 은혜입니다.
주님을 믿어 구원받은 백성이 된 것도 은혜이고,
주님 앞에 나와서 허물을 내어놓으며
죄의 용서를 다시 구함도 은혜입니다.
하나님, 한없이 부족한 우리를 여전히 불쌍히 여기시고
따스한 주님의 품에 안아 주시니 참으로 감사합니다.

이렇게 큰 은혜 가운데 살면서도
감사한 줄을 모르고
때로는 원망하고 불평하며,
혹은 실망하고 좌절하며 살았던 우리의 삶을

부끄러운 마음으로 돌아보며 회개합니다.
참으로 하나님을 믿지 않은 까닭입니다.
믿는다 하면서도 진정 주님만을 의지하지 않았기 때문입니다.
주님, 우리의 허물과 죄를 용서하여 주시옵소서.

쓸데없는 걱정으로 두려움 속에서 살았습니다.
물질과 세상의 것을 추구하느라 정욕의 노예가 되어 살았습니다.
좋은 기회들을 주셨지만 그것들을 선하게
주님께서 기뻐하시는 일에 사용하지 못하였습니다.
주님, 우리의 죄를 용서하여 주시옵소서.

늘 세상의 것에 매여서 지쳐 있는 우리를,
정욕과 탐심으로 가득 차서
참된 자유와 평안을 누리지 못하는 우리를
구원하여 주시옵소서.
우리의 모든 죄와 허물을
주님의 보혈을 의지하여 주님 앞에 내어놓습니다.
주님, 우리를 용서하여 주시옵소서.

참회기도문 07

대림절 셋째 주일

우리를 사랑하시는 하나님!
늘 주님의 크신 은혜와 사랑을 누리고 살면서도
정작 주님께 기쁨을 드리지 못하고,
걱정과 근심을 끼쳐 드리는 우리를 불쌍히 여겨 주시옵소서.

주님께서는 무한하신 사랑으로 우리를 돌보시건만
우리는 그 사랑에 감사하기는커녕
도리어 주님을 멸시하고 배척하는 자리에 설 때가 많았습니다.
주님은 자상하게도 말씀의 꼴을 먹이시며
우리를 바른길로 인도하고자 하셨지만,
우리는 그 말씀을 따라 살지 않았고
우리의 꾀와 지혜로 살고자 하였습니다.
주님, 우리의 부족함과 죄악을 용서하여 주시옵소서.

하나님, 참으로 유한한 인생의 길을 가고 있는 우리가
늘 마지막을 생각하지 아니하고 살아갑니다.
이것이 우리의 무지함입니다.
마지막 날에는 주님의 심판이 있을 것을 알고 있는 우리가
이 세상 속에서 욕망과 욕심을 따라 제멋대로 살아가니
이것이 또한 우리의 미련함입니다.
하나님, 주님께서 다시 오실 날이 가까이 오고 있건만
그 문 두드리시는 소리를 들으면서도
아무 준비 없이 생을 살아가는 우리를 불쌍히 여겨 주시옵소서.

짧은 인생의 길을 가는 우리가
당연히 사랑해야 할 사람들을 사랑하지 못하고,
함께해야 할 사람들을 받아들이지 못하며,
화목과 평화를 이루지 못하고 살아가는 것을 용서하여 주시옵소서.

모든 것을 보시고 아시는 주님,
우리 안에 숨겨진 허물과 죄가 많습니다.
주님 앞에 다 아뢰지 못한 것들까지도
우리를 불쌍히 여기사 용서하여 주시옵소서.

참회기도문 08

대림절 넷째 주일

사랑과 자비가 풍성하신 하나님!
부족하고 죄 많은 우리를 오늘도 부르시고
은혜의 자리로 인도해 주시니 감사합니다.

주님의 오심을 기다리는 대림절을 보내며
몸과 마음을 정돈하고 다스려야 했는데,
우리는 도리어 연말이라는 시간에 매몰되어
스스로를 돌아보거나 우리의 삶을 살필 여유를 갖지 못하였습니다.
주님의 강림을 기다린다 말하면서도
실상 우리는 우리의 영혼을 위하여 일하지 아니하였고
육신의 일, 이 세상의 삶을 도모하며 살아왔습니다.
주님, 우리의 죄를 용서하여 주시옵소서.

하나님, 우리 안에 숨어서 꿈틀거리는

주님을 향한 반항심과 세상을 향한 욕망을
주님께서는 아십니다.
늘 주님께로 나아가길 원하지만,
한편으로 세상으로 나아가길 원하는
우리의 연약함과 이중성이 우리를 괴롭히곤 합니다.
주님, 우리를 불쌍히 여겨 주시옵소서.

오직 주님께서 이 땅에 오셔서
모든 것을 회복하실
그날을 탄식하며 기다리오니
마라나타!
주님, 어서 오시옵소서.
그리하여 우리를 속히 구원하여 주시옵소서.

대림절

구주의 오심을 기다리는 대림절,
이미 하늘에는 천사들의 노랫소리가 울려 퍼지고,
별들은 동방박사들을 모시고
베들레헴을 향하여 나아갑니다.

오래전 언약을 지키시기 위해
아들을 이 땅에 보내 주신
신실하신 하나님,
여전히 이 땅에는 전쟁의 포화 소리가 그치지 않고 있으며
무참히 죽어 가는 생명들의 비명 소리가 끊이지 않고 있지만,
마침내 이루실 주님의 나라를 기다리며
오늘도 소망을 가지고 하늘을 바라봅니다.

하나님, 여전히 포악하고 욕망으로 가득하며

나만을 생각하고 나의 이익만을 위해 살아가는
참으로 못된 우리를 긍휼히 여겨 주시옵소서.

호적 하느라 온통 세상이 바쁘게 돌아가던 어느 날,
주님은 아기의 몸으로 오시어 구유에 누우셨습니다.
오늘도 바쁘게 살아가고 먹기 위해 살아가는
하나님을 잊고 살아가는 사람들,
그저 바쁠 뿐 존재함이 없는 삶을 살아가는
우리를 불쌍히 여겨 주시옵소서.

하나님은 우리를 지극히 사랑하시지만
우리는 하나님을 도리어 피하여 도망하는 자이며,
하나님은 여전히 우리를 기억하시지만
우리는 늘 주님의 말씀을 잊고 살아갑니다.

참으로 무정하고 무지하며 악한 우리를 용서하여 주시옵소서.
주님의 사랑에 마땅히 응답해야 할 오늘,
천사들의 노랫소리를 들을 수 있는 귀를 열어 주시고
함께 노래할 수 있는 입을 열어 주시옵소서.
우리 안의 악한 모든 것들과
주님을 받아들이지 못하는 모든 불신앙을
주님께서 깨끗하게 치워 주시고
우리를 주님의 마구간에서 다시 새롭게 창조하여 주시옵소서.

참회기도문 10

성탄절

하나님 아버지,
예수님을 이 땅에 보내 주심을 찬양합니다.
예수님의 탄생을 기쁨과 설렘으로 맞이한 들판의 목자들처럼
우리도 아기 예수님을 맞이하는 이 시간이 되게 하옵소서.

지금 이 땅에는 낙심과 절망이 가득합니다.
세계 곳곳에서 벌어지는 전쟁과 폭력의 참화로
삶의 희망을 잃고 방황하는 자들,
생명을 유린당하며 고통받고 있는 자들이 넘쳐납니다.
어떻게 할 수 없는 상황에 마음은 지치고
막막한 삶의 상황에 낙심하는 이들이 늘어나고 있습니다.

하나님 아버지,
그럼에도 이 땅에 영광과 평화를 선포하는 성탄절이 되게 하옵소서.

예수님의 탄생을 온 피조물과 함께 찬양하며 경배하게 하옵소서.
오직 예수 그리스도만이 이 땅의 소망임을 선포하게 하옵소서.
어두운 곳에 빛을 비추며
힘들고 고통받는 이들에게 위로와 회복을,
이 세상에 소망을 선포하는 교회와 성도가 되게 하옵소서.

기쁜 성탄의 아침을 맞아
아기 예수님 앞에 우리가 겸손히 서게 하시고
이웃을 일어서게 하는 믿음과,
앞을 보게 하는 소망과,
섬기게 하는 사랑을
예수 그리스도를 통하여 다시 찾게 하옵소서.

지금도 우리와 함께하시는
주 예수 그리스도께 경배를 드리니
우리의 찬양과 기도를 받아 주시소서.

참회기도문

11

성탄절

아들을 아낌없이 내어 주신 사랑의 하나님!
거룩한 성탄절 아침,
아기 예수로 이 땅에 오신 주님을
기쁨으로 맞이합니다.

세상은 떠들썩하고 분주하며,
우리는 경쟁과 생존의 현실 속에서
정신없는 삶을 살아갑니다.
베들레헴의 마구간은 고요함으로 가득하오나
우리의 현실은 소란함과 욕망으로 가득합니다.

구주께서 아기의 몸을 입고 오신 날,
순결함과 깨끗함으로 오신 날,
우리는 복잡한 생각과 세상에 대한 연민의 마음을

그대로 지닌 채 이 자리에 나왔습니다.

감히 주님의 순결함을 받아 안기에는
우리의 손과 마음이 너무 더러워 부끄럽사오나
감히, 아기 예수님을 우리 안에 안아 모시기를 원합니다.

아기 예수님처럼 우리도 겸손하고 순수하며 깨끗하기를 원하오니,
우리의 모든 딱딱하게 굳어진 마음을
어린아이의 살결처럼 부드럽게 하시고
순결함의 은총을 허락하여 주시옵소서.

세상살이에 무디어진 양심이 회복되게 하시고
주님을 사랑하는 마음이 다시 솟아나게 하시며,
자신을 내어 주신 주님의 모습을 따라
나의 것을 감히 내어놓을 수 있는 희생의 마음이
우리 안에서 일어나게 하여 주시옵소서.

한없이 거칠어진 우리의 마음이
아기 예수님의 고요한 숨결로
잔잔해지게 하여 주시옵소서.

참회기도문

12

사순절 첫째 주일

사랑과 자비가 풍성하신 하나님!
주님께서 베풀어 주시는 은혜가 한이 없기에
오늘도 주님의 사랑을 의지하여 주님 앞으로 나아갑니다.
우리가 이룬 선행을 가지고 나온 것이 아니요,
성숙한 인격을 들고 나온 것도 아닙니다.
예수 그리스도의 보혈을 의지하여
주님께서 우리를 사랑하신다는 믿음을 가지고 나왔사오니,
한없이 부족한 우리를 긍휼히 여기시고
받아 주시옵소서.

하나님,
한 주간의 짧은 시간 속에서도
우리는 쓰러지고 넘어졌습니다.
세상의 유혹 앞에서 우상에게 절하듯 무릎을 꿇었으며

조그마한 성공에도 한없이 교만하였습니다.
하나님을 의지하고 주님께 기도하며 도움을 구하기보다
힘 있는 사람들의 눈치를 보며
그들이 내어 주는 작은 호의를
하나님의 손길인 양 고마워하며 살았습니다.
하나님, 우리의 죄를 용서하여 주시옵소서.

주님께서는 우리를 구원하시기 위하여
수난의 길을 걸어가셨건만,
우리는 작은 고통과 어려움에도
불평하고 원망하며 살았음을 회개합니다.
다른 이를 위한 작은 고통의 분담조차 마다하며
자신의 안위만을 추구하며 살아온 우리를 용서하여 주시옵소서.

사순절을 시작하며
우리 안에 숨겨진 더러운 것들과
정돈되지 않은 모든 것들을 내어 버리고
정결하게 되길 원합니다.
주님, 우리의 모든 허물을 주님의 보혈로 사하여 주시고
우리를 새롭게 하여 주시옵소서.

참회기도문 13

사순절 둘째 주일

사랑의 하나님!
몸을 가다듬고 마음을 정돈하며
주님께로 나아갑니다.
오늘도 우리를 불러 주시고 맞아 주시는 주님,
참으로 감사합니다.

주님께 스스럼없이 나가기에는 너무나 흠이 많습니다.
내세울 만한 정의로운 것도 없고,
칭찬받을 만한 자비로운 것도 없습니다.
그래도 보혈의 능력을 의지하여
주님께로 나아가오니
우리의 헌신과 예배를 받아 주시옵소서.

주님, 또한 우리의 입술이 지은 죄를 용서하여 주시옵소서.

우리가 교만한 말을 하였고, 질투의 말을 하였으며,
듣는 이의 마음에 상처를 주는 말을 하였습니다.
믿음 없는 말로 하나님께 불평하고 원망하며
정돈되지 않은 말로 가정과 이웃 사람들에게 아픔을 주었습니다.
하나님, 우리의 죄를 용서하여 주시옵소서.

우리가 걸어온 발걸음을 돌아보며 회개합니다.
가지 않아야 할 곳에 머물러 주님의 마음을 아프게 하였습니다.
욕망의 길을 걸었습니다.
목적도 없이 방황하며 살았습니다.
하나님, 이 세상의 허무함 속에서
정처 없이 살아가는 우리를 불쌍히 여겨 주시옵소서.

주님의 뜻을 따라 살지 못한 것,
아는 대로 실천하며 살지 못한 것을 회개합니다.
나만을 생각하느라 다른 이의 아픔과 고통을 보지 못하고
그들에게 상처를 준 것을 회개합니다.
주님, 오늘도 주님의 보혈로
우리의 모든 죄를 깨끗이 씻어 주시옵소서.

참회기도문

14

사순절 셋째 주일

하나님 아버지,
오늘도 은혜 가운데 주님 앞에 서게 하시고
이 시간 주님을 찬송하며 예배하게 하시니 감사합니다.

하오나 주님, 우리는 주님 앞에 서기에 한없이 부족합니다.
주님께서 나를 지키시고 인도하심을 알면서도
어려운 일이 있을 때면 절망하고,
위로부터 내려 주시는 은혜로 사는 것을 알면서도
내 지혜로 사는 양 교만하고,
나에게 가장 좋은 것 주기를 원하시는 하나님을 믿는다 하면서도
내 뜻대로 안 될 때 낙심하고 좌절하는
참으로 미련한 우리를 불쌍히 여겨 주시옵소서.

신앙을 가진 지 오래이고, 주님을 따른 지 오래이지만

여전히 두려움과 걱정, 불안함과 좌절, 조급함과 교만함으로
힘겹게 살아가고 있는 우리입니다.
성도라는 고귀한 이름을 가지고 있으면서도
주님께 영광을 돌리지 못하며,
도리어 주님의 이름을 부끄럽게 만드는 우리입니다.
주님, 불신앙적인 행동과 부족함을 용서하여 주시옵소서.

주님께서는 많은 것을 주셨건만
우리에게는 감사도 없고, 기쁨도 없습니다.
늘 말씀을 듣지만 행함과 순종이 모자랍니다.
늘 기도하지만 주님의 응답에는 무관심합니다.
어렵고 힘든 사람들이 주위에 많지만
우리의 안위와 행복에만 관심을 두며
이기적인 마음으로 살아갑니다.
주님, 우리의 죄악된 모습을 회개하오니,
거룩하신 주님의 보혈로 우리의 죄를 사하여 주시옵소서.

참회기도문 15

사순절 넷째 주일

우리를 긍휼히 여기시고 사랑하시는 하나님!
악한 생각으로 가득한 우리를 불쌍히 여기시는 주님!
사순절 네 번째 주일, 주님 앞에 나와
우리의 죄를 회개하며
주님께 은혜를 얻게 하시니 감사합니다.

늘 말씀을 사모하고
언제나 말씀의 자리에서 결단하곤 하지만,
한 주간을 보내고
주님 앞에 나올 때면
항상 죄송하고 후회가 가득합니다.

우리의 마음속 깊은 곳에 숨어 있는
음란과 탐욕, 악독과 거짓, 질투와 교만이

불쑥불쑥 튀어나와
우리의 행실과 삶이 더러워지고 말았습니다.
부끄러운 모습으로 오늘도 주님을 찾는 우리를
불쌍히 여겨 주시옵소서.

하나님께서 온 세상의 창조주이시고
우리를 손수 빚어 만드신 주님이신데,
피조물이며 질그릇 같은 우리가
도리어 하나님을 대적하며
주님의 마음을 아프게 하였음을 회개합니다.

주님, 우리의 교만과 무지함을 용서하여 주시옵소서.
주님의 도우심이 없이는 도저히 살 수 없는 우리들이
스스로 선 듯 자랑하고 교만하며
영원히 살 듯 생각하고 계획하니,
우리의 죄를 용서하여 주시옵소서.

주님의 보혈과 부활의 능력으로
우리가 정결하게 되고
새로운 생명으로 다시 태어나게 하여 주시옵소서.

참회기도문 16

사순절 다섯째 주일

사랑의 하나님!
죄와 사망의 굴레에서 벗어나지 못하는 우리를
주님의 보혈로 구속하시고
거룩한 백성으로 불러 주시니 감사합니다.

은혜로 부름을 받은 우리이지만
사실 세상 사람보다
도덕적으로나 인격적으로나 더 나은 사람도 아니고,
주님의 이름을 높여 드릴 만큼 헌신된 사람도 아님을
부끄러운 마음으로 고백합니다.

그저 우리를 용서하시고 받아 주시는 주님을 의지하여
부족한 모습 이대로
도우심을 구하며 주님 앞으로 나왔사오니

주님, 우리를 긍휼히 여기시고 받아 주시옵소서.

우리 속에서 솟아오르는 악한 생각들과
죄악된 본성들을 다스리지 못하고
늘 실수하고 또 후회하는 우리입니다.
지난 시간에도 우리가 저지른 불신앙의 흔적들이
너무나도 많습니다.
하나님, 우리의 죄악과 허물을 용서하여 주시옵소서.

"어찌하여 두려워하느냐? 믿음이 없는 자들아!"
주님께서 제자들에게 하신 그 말씀이
오늘 우리에게 주시는 깊은 울림입니다.
주님, 우리의 믿음 없음을 용서하여 주시옵소서.
조금 어렵다고 실망하고 좌절하며
주님을 원망한 우리를 용서하여 주시옵소서.

이 시간, 우리를 끝까지 사랑하시는 주님 앞으로 나아가오니,
우리의 모든 죄를 사하시고
우리를 깨끗하게 하여 주시옵소서.

참회기도문

17

종려주일

아들을 대신 내어놓으실 만큼
우리를 깊이 사랑하시는 하나님!
하나님의 외아들 예수께서
수난의 길로 들어가신 거룩한 종려주일에
피로 값 주고 사신 우리가 주님의 전에 모였습니다.

하나님, 우리가 무엇이기에 이토록 사랑하시는지요?
겸손한 모습으로 오셔서 나귀를 타고 들어가시며
수난을 받아들이시는 예수님의 모습 속에서
하나님의 크신 사랑과 희생을 다시 확인합니다.

고귀하신 주님께서 값을 주고 사시기에는
너무나도 하찮은 우리입니다.
본래는 흙이요, 그 안에는 온갖 악함과 더러운 것으로 가득한 유한하고 허물 많은 우리입니다.

창조주이신 하나님을 멀리하고
반항하는 본성을 가진 우리,
나를 지으신 하나님과 도리어 경쟁하며 하나님처럼 되고자 하는
참으로 교만하고 방자한 우리입니다.
이러한 우리를 위하여 보배로운 피를 흘려 주시니
참으로 감사합니다.

주님의 십자가 앞에 나아가 우리의 허물과 죄를 내려놓고
그 흘리신 보혈로 우리의 마음과 몸을 깨끗게 하기를 원합니다.
우리의 모든 죄악을 용서하여 주시고
다시 새로운 생명으로 창조하여 주시옵소서.

이 시간 무거운 마음으로 주님 앞에 나와
기도하는 모든 이들의 애통과 탄식을 들으시고
참회하는 모든 이들에게 용서의 은총을 내려 주시옵소서.

참회기도문

18

종려주일

궁휼이 한이 없으신 하나님!
하나님은 우리를 구원하시고자 하는 열정으로
외아들을 이 땅에 보내시고,
십자가의 자리에까지 내어놓으셨습니다.
늘 불평하고 배반하는 우리를 사랑하시어
조건 없이 우리를 주님의 백성으로 삼아 주셨습니다.

하지만 주님의 백성이 된 우리는
여전히 길 잃은 양과 같아서
주님의 말씀을 청종하지 아니하고,
터진 웅덩이와 같은 마른 땅에서 목을 축이고자 하며,
광야와 같은 모래바람 속에서 꼴을 얻고자 하였습니다.

그럼에도 잃은 양을 찾아 나선 선한 목자처럼

우리를 찾아 나서시는 주님,
오늘도 우리가 광야 바위틈 속에서
두려워하며 울고 있을 때
우리의 소리를 들으시고 찾아 주시니 감사합니다.

선하신 목자에게 발견되는 것이
은혜요, 구원임을 다시 깨닫습니다.
종려주일을 맞아
예루살렘 성으로 들어오시는 주님을 다시 기억합니다.
죽음을 결단하시고,
십자가를 지기 위하여 배신까지도 각오하며,
나귀를 타고 겸손한 왕으로
우리를 찾아오시는 주님을 뵙기 원합니다.
잃은 양을 찾아오시는 주님의 발걸음 소리를
우리가 듣게 하옵소서.

사랑의 하나님,
죄의 노예로 살아가는 이들,
욕심과 욕망의 지배 아래 살아가는 이들,
하나님을 잊어버리고 마음대로 교만하게 살아가는 이들을
긍휼히 여겨 주시옵소서.
주님의 구원의 은총이
우리 모두에게 가득 넘치게 하여 주시옵소서.

참회기도문

19

부활절

전능하시고 사랑이 많으신 하나님!
주님께서 다시 살아나신 부활의 아침,
주님의 백성들이 모여 부활의 신비를 함께 나누며
은혜를 찬양합니다.

영광을 받으시기 합당하신 주님,
첫 부활의 새벽에
주님의 다시 살아나심을 믿음으로 준비하지 못했던 제자들처럼
우리도 온전한 부활의 믿음으로
주님께 나아가지 못함을 고백합니다.
말로는 주님의 부활을 축하하면서도
마음으로는 도마처럼 의심하고 믿지 못하는
믿음의 연약함을 불쌍히 여겨 주시옵소서.

하나님, 지금까지 우리의 힘만으로 살아온 것을
용서하여 주시옵소서.
주님을 믿는다고 말하면서도
능력이 많으신 주님께 나의 문제를 내어 드리지 못하고
모든 것을 움켜쥐고 내 힘으로만 하려 했음을 고백합니다.
주님, 이제 놀라우신 주님의 능력을 힘입기 원하오니
우리를 도와주시옵소서.

하나님, 우리가 지금까지 눈에 보이는 대로,
우리가 판단하기에 옳은 대로 살았음을 회개합니다.
믿음 없는 눈으로 본 것을 따라서 스스로 판단하고 살아온
우리를 용서하여 주시옵소서.
고난의 십자가만을 바라보는 눈이 아니라
빈 무덤을 확인하는 눈이 되게 하시고,
병이나 가난이나 약함을 보고 절망하는 우리가 아니라
그 이면에 부활의 능력으로 함께하시는 주님의 임재를 바라보며
환호하고 기뻐하며 감사하는 우리가 되게 하여 주시옵소서.

하나님, 지금까지 이 땅이, 이 세상이
전부인 것으로 생각하고 살았음을 회개합니다.
죽음이 끝이라고 생각하고 살았음을 회개합니다.
죽음 너머에 있는 부활을 보게 하시고
영원한 하나님 나라를 생각하며 이 땅에서 지혜롭게 살아가는
우리가 되게 하여 주시옵소서.

부활절

사랑의 하나님! 예수 부활의 소식이 선포되는 부활절 아침,
기쁨과 감사로 부활하신 주님을 찬양합니다.
사랑하는 외아들을 아낌없이 십자가에 내어 주시고
죽음의 세력이 가득한 무덤 속에서 예수를 다시 일으켜 세우사
모든 잠자는 자들을 위한 부활의 첫 열매가 되게 하셨습니다.

예수님의 부활하심은
죽음이 더 이상 우리를 절망시킬 수 없다는 선포입니다.
예수님의 부활하심은 하나님께서 우리의 모든 눈물을
마침내 닦아 주신다는 약속입니다.
예수님의 부활하심은 이 땅의 모든 악과 사탄의 방해에도
하나님의 공의와 정의가 승리하였다는 확인입니다.
예수님의 부활하심은
신실하신 하나님께서 우리를 위해 끝까지 일하시며

우리의 모든 문제를 해결해 주셨다는 선언입니다.
예수님의 부활하심은 하나님과 우리가 예수님을 통해
화목하게 되었음을 믿음으로 받아들이는 것입니다.
예수님의 부활하심은 주님의 말씀이 참이라는 확증입니다.
하나님, 이 놀라운 은혜를 우리가 누리며
살아 계신 부활의 주님께 영광과 찬송을 올려 드립니다.

사망의 세력에 잡힌 바 된 모든 자들을 위하여
우리 주 예수를 죽은 자들 가운데에서 다시 살리신 하나님,
오늘도 죄악 속에서 고통스럽게 살아가는 이들,
무거운 인생의 짐을 지고 살아가는 모든 이들에게
부활의 능력으로 임하여 주시옵소서.
칠흑과 같은 어두움 속에서 갈 바를 알지 못하는 이들,
병과의 싸움 가운데서 죽음의 세력의 위용에 눌려 있는 사람들,
세상의 사악한 권력 아래서 신음하고 있는 이들이
부활의 능력으로 다시 일어서게 하여 주시옵소서.

주님을 세 번이나 부인한 베드로와 같이
우리는 늘 부족하고, 주님의 은혜를 누릴 자격이 없는 자들입니다.
주님께서 직접 베드로를 회복시키시고 새로운 소명을 주셨듯이
오늘도 부족한 모습으로 부활절을 맞는 모든 성도들에게
주님의 용서와 회복, 그리고 새로운 소명을 허락하여 주시옵소서.

참회기도문 21

성령강림절

성령의 강림을 기다리는 오늘,
벅찬 기대와 감격으로 우리 주 하나님께 찬송을 올려 드립니다.
우리의 부족함을 아시고
우리를 위하여 보혜사 성령님을 보내어 주시니 참으로 감사합니다.

우리가 죄의 문제를 스스로 해결할 수 없고
죽음의 문제에서 벗어날 수 없음을 아시고
이 땅에 예수 그리스도를 보내어 주신 하나님,
예수님께서 십자가와 부활을 통하여
열어 놓으신 구원의 길에서 우리가 벗어나지 않도록
보혜사 성령을 보내어 주심에
영광과 찬송을 올려 드립니다.

이렇듯 귀한 선물 받았음에도

우리는 도우시는 성령님을 우리 안에 모시고 살기보다는
내가 하고 싶은 대로 살기를 원하는
참으로 미련한 존재들입니다.
그래서 성령께서 우리 안에서 창조하시는
참된 평안과 기쁨을 맛보지 못한 채
두려움과 걱정과 근심으로 살아가오니
주님, 우리를 불쌍히 여겨 주시옵소서.

성령께서 내려 주실 큰 은사를 구하지 않았으며
성령께서 내 안에서 역사하시어 맺게 하시는
그 열매를 사모하지 않았습니다.

도리어 우리의 속사람을
정욕과 욕망과 시기와 질투,
분냄과 온갖 더러운 것들로 채움으로
세상의 영, 사탄의 영에 사로잡혀 포로처럼 살았음을 회개합니다.
주님, 우리를 불쌍히 여겨 주시옵소서.

성령의 강림을 기다리는 오늘,
우리의 마음을 맑게 하시고
거룩한 성령을 우리 안에 모시게 하옵소서.

부록 2

각종 절기 및 기념

참회기도문 01

송년주일

사랑과 자비가 풍성하신 하나님!
한 해의 마지막 주일입니다.
큰 기대를 품고 새로운 마음으로 시작했던
한 해가 다시 저물어 가고 있습니다.
돌이켜 보면 하나님께서 순간순간 고비마다 함께하셨습니다.
삶의 커다란 시련을 마주할 때 낙심하기도 했습니다.
고난과 질곡 앞에 쓰러져 일어서지 못한 순간도 있었습니다.
여전히 하나님의 마음과 크신 뜻을
온전히 깨닫지 못한 채 살아가고 있지만,
그럼에도 우리를 사랑하시어
여전히 참아 주시고 기다려 주시는
하나님께 감사를 드립니다.

때로 믿음이 없어 하나님께 불평한 적도 많았습니다.

힘들고 어려운 일을 만날 때마다 하나님의 뜻을 찾기보다
나의 힘으로 해결하고자 할 때도 많았습니다.
내가 가진 것이 대단한 것인 양,
사람들 앞에서 거들먹거리기도 하였습니다.
지나온 시간과 흔적들 속에
죄로 오염된 우리의 모습이 또렷이 남아 있습니다.

하나님, 우리가 하나님의 백성답게 살지 못한 것을 회개합니다.
사실 하나님을 원망한 적도 많았습니다.
한 해 동안 바라지 않던 일들이 일어나서
큰 실망과 아픔을 경험하기도 했습니다.
하지만 시간이 지나 돌이켜 보니,
이 모든 것이 불신앙이었음을 깨닫습니다.

하나님, 하나님을 떠나고자 반항하였던
우리를 긍휼히 여겨 주시옵소서.
우리의 죄악된 모든 행위들과 부족함을
마지막 주일에 모두 내어놓습니다.
늘 부족한 인간들, 반복하여 죄에 빠지고 마는 사람들,
게으르고 핑계 대며, 남의 잘못만 탓하는 우리를
주님께서 긍휼히 여기시고 고쳐 주시기를 간절히 간구합니다.
우리 삶의 모든 더러운 흔적들을 주님의 보혈로 깨끗하게 하시고,
성령의 능력으로 다시 새롭게 하여 주시옵소서.

참회기도문

02

송년주일

하나님, 한 해의 마지막 날에 주의 날로 모였습니다.
모든 것을 정리하는 오늘, 지나온 길을 돌아보며 주님께 기도합니다.
참 좋은 일들도 많았지만 어렵고 힘든 일들도 많았습니다.
마치 상쾌한 날처럼 우리의 신앙이 활기차던 때도 있었지만,
어두운 밤처럼 우리의 마음이 막막하던 시간도 있었습니다.
하나님, 한결같지 못하였던 지난날을 주님께서 아십니다.
인간의 나약함을 아시오니
주님, 우리를 불쌍히 여겨 주시옵소서.

한 해를 보내며 눈물을 흘리는 이들을 위로하여 주시고
두려움과 걱정으로 새해를 맞아야 하는 이들을
불쌍히 여겨 주시옵소서.

한 해 동안 주님께서 날마다 일마다 함께하시고 돌보아 주셨지만

우리는 너무나 자주 불평하고 분노하며 방황함으로
하나님의 마음을 아프게 해 드렸습니다.
수확한 것들을 돌아보는 오늘,
우리에게 남은 것이 없어서
부끄러운 마음으로 한 해를 마무리하는
우리를 긍휼히 여겨 주시옵소서.

우리 가족들과 더 깊은 사랑을 나누지 못한 것,
우리 성도들과 더 깊은 교제를 나누지 못한 것을 회개합니다.
어려운 이웃들의 눈물을 닦아 주지 못한 것을 회개합니다.
무엇보다 주님께서 사랑하시는 교회를 위하여
더 많은 헌신과 봉사로
주님의 마음을 기쁘게 해 드리지 못한 것을 회개합니다.

나의 안위와 미래만을 위해 노력하며
다른 사람이야 어떠하든, 나의 이익만을 추구하며
이기적인 생각으로 살아온 우리를
주님, 용서하여 주시옵소서.
주님의 뜻을 이루는 일에 헌신하지 못한 것,
주님께 영광을 돌리는 일에 무관심하였던 것을 용서하여 주시옵소서.

참회기도문 03

신년주일

하나님 아버지,
새해를 허락해 주시고, 새로운 시작을 예배로 맞게 하시니 감사합니다.
이 예배가 생명의 빛으로 오시는 주님을 깊이 만나는
은혜의 시간이 되게 하옵소서.

소망이 되시는 하나님, 새해에는 척박한 현실에서도
희망의 씨앗을 파종하는 일을 멈추지 않기를 기도합니다.
절망 대신 희망을 노래하며, 불평 대신 감사를 노래하기 원합니다.
어둠 속 빛을 비추셨던 주님을 닮아,
우리도 세상을 비추는 작은 빛이 되어 살게 하옵소서.

은혜의 하나님, 새해에는 주님 앞에 정금같이 되기를 기도합니다.
필요한 고난의 시간이라면 피하지 않고
믿음으로 당당하게 이겨 내기 원합니다.

십자가를 지심으로 영광의 보좌에 앉으셨던 주님을 따라
우리도 고난의 길을 통과하여 빛나는 보석이 되게 하옵소서.

평강의 하나님, 새해에는 우리 가족이 하나님을 경외하는
신실한 예배자가 되기를 기도합니다.
평안의 매는 줄로 하나가 되고
서로를 격려하며 위로하는 사랑의 공동체가 되기 원합니다.
우리 집의 주님이신 그리스도와 함께
의의 길, 생명의 길을 힘차게 걸어가게 하옵소서.

사랑의 하나님, 새해에는 우리 교회가
그리스도의 향기를 흩날리는 거룩한 교회 되길 기도합니다.
실수하고 넘어지고 또다시 실패하여도,
끝까지 포기하지 않고 사랑으로 승리하기 원합니다.
온몸으로 우리를 사랑하신 주님을 위해,
우리도 세상 속에 빛과 소금이 되어 살게 하옵소서.

하나님, 한 치 앞도 알 수 없는 인생길이지만,
새해에도 주님의 손이 우리와 함께하실 줄 믿습니다.
오래 참고 인내함으로
마침내 생명의 풍족함을 누리는 한 해가 되게 하옵소서.

참회기도문 04

신년주일

자비로우신 하나님!
은혜 가운데 새해의 첫 한 주간을 살고
다시 은혜 가운데 주님 앞에 모였습니다.

우리가 거룩한 삶을 살았기 때문도 아니요,
깨끗하게 모범적으로 살았기 때문도 아닙니다.
새롭게 시작한 한 해의 첫 주간조차도
정결하고 바르게 살아 내지 못하였지만,
주님께서 이끄시기에,
주님께서 우리를 받아 주시며 용납해 주심을 믿기에
감히 주님 앞으로 나왔습니다.

하나님, 한 주간 동안
우리에게 과연 믿음이 있었는지 돌아봅니다.

주님을 믿는다 하였지만
여전히 두려움 가운데 살았고,
불평과 불만 가운데 살았으며,
걱정과 근심 가운데 살았습니다.

내가 모든 것의 주인이 되어
교만한 마음으로
다른 이를 정죄하고 판단하며
자기중심적인 세속적 욕망에 빠져
살았습니다.

주님은 우리를 사랑하셨지만
우리는 이웃을 사랑하지 못하였고,
주님은 우리를 용서하셨지만
우리는 우리에게 잘못한 사람들을 용서하지 않았습니다.
주님, 우리의 부족함과 허물을 용서하여 주시옵소서.

이 시간, 우리의 삶을 돌아보며
우리의 죄악을 주님 앞에 아뢰오니,
주님께서 우리를 불쌍히 여기시고
사죄의 은총을 내려 주시옵소서.

참회기도문 05

신년주일

사랑의 하나님!
새해의 첫 주일을 주님과 함께 시작합니다.
지난 시간, 여전히 부족하였던 우리를 용납하시고,
새해, 새날이라는 새로운 기회를 주시니 감사합니다.

찬송을 부르며 한평생 살기를 원하나
늘 그러하지 못하였고,
늘 기도하며 살기를 바라나
우리의 게으름으로 이루지 못하였습니다.

해가 바뀔 때마다 말씀대로 살기로 결심하지만,
정작 주님의 말씀을 사모하지 않기에
결국은 내 뜻대로, 세상의 방식대로 살아가고야 마는 우리들입니다.

진리를 따라 살기를 원하나
욕망의 노예가 되어, 악한 생각을 가지고
불의와 타협하고 죄의 길을 걸어가는
우리를 용서하여 주시옵소서.

사랑하라는 주님의 명령을 머리에 기억하면서도
미움이 우리의 마음을 가득 채워 버려서
하나님께 부끄러운 삶을 살다가
오늘도 주님 앞으로 나온
우리를 불쌍히 여겨 주시옵소서.

하나님, 우리에게 참 생명을 주셨는데
우리는 정작 그 생명으로 생명을 낳지 못하였습니다.
주님께서 우리를 구원하여 주셨으나
우리는 정작 다른 이들의 구원을 위해 힘쓰지 못하였습니다.
주님, 우리의 죄를 용서하여 주시옵소서.

오늘도 부족한 주님의 종들이
부끄러운 마음과 통회하는 심정으로
주님 앞으로 나아가오니,
우리의 모든 허물과 죄를 그리스도의 보혈로 씻어 주시고
우리를 새롭게 하여 주시옵소서.

참회기도문 06

설(명절)

긍휼의 마음으로 우리를 살피시는 하나님!
거룩한 주일이자 민족의 명절인 설날을 맞아
주님의 백성들이 주님 앞으로 나왔습니다.
지난해 받은 은혜를 세어 보니, 참으로 감사한 일이 많습니다.
우리의 가정을 안전하게 지켜 주셨고
우리의 사업과 직장을 주님께서 보호하여 주셨습니다.
복 받을 만한 자격이 없는, 참으로 많이 모자란 우리를
부족하다고 하지 아니하시고 주님의 자녀로 받아 주셨습니다.

하오나 주님,
우리는 이러한 주님의 무한하신 사랑과 은혜에
부응하지 못하였습니다.
무조건적인 주님의 사랑을 받으면서도 늘 불평하였고
주님께서 우리를 지켜 주심에도

항상 불안해하고 두려워하였습니다.
하나님의 인도하심을 받아야 할 우리가
자기중심적이고 세속적인 욕망에 매여 살았습니다.

주님은 우리를 용서하여 주셨지만 우리는 용서할 줄 모르고,
주님은 우리에게 한없이 많은 것들을 선물로 주셨지만
우리는 베풀기에 인색하며,
주님은 우리에게 평안과 위로를 내려 주셨지만
우리는 원망함으로 이 세상에 불안과 절망을 만들어 놓았습니다.

마땅히 해야 할 일인데 게을렀으며
주님의 뜻임을 알면서도 애써 외면하였습니다.
하나님, 우리의 모든 죄를 용서하여 주시옵소서.

가정을 주시고 축복해 주셨건만
우리는 가족들과 화목하지 못하고,
때로 서로를 비난하고 시기하며,
분내며 원수처럼 살았습니다.
하나님, 우리의 허물과 죄를 용서하여 주시옵소서.

참회기도문 07

어린이주일

하나님, 아들의 영을 우리 마음 가운데 보내사
하나님을 아빠 아버지라 부를 수 있게 하신 주님께
감사와 찬송을 드립니다.
어린아이와 같이 유치하고 연약한 우리를
부족하다고 책망하지 아니하시고,
우리를 품에 안아 주시고 기다려 주시며
우리를 사랑하여 주시니 참으로 감사를 드립니다.

하나님, 주님께서 우리를 자녀 삼아 주셨지만,
돌이켜 보면 우리는 늘 주님께 기쁨을 드리기보다는
근심과 걱정을 끼쳐 드리는 못난 자식이었습니다.
사랑으로 가르치고 훈계하는 부모의 말을
듣지 않고 마음대로 뛰어다니는 어린아이처럼,
우리는 가지 않아야 할 길을 함부로 걸어서 하나님의 근심을 샀고,

힘을 주지 않아야 할 것에 힘을 주어
하나님의 마음을 힘들게 하였습니다.
주님, 우리의 부족함을 용서하여 주시옵소서.

하나님, 우리에게 어린 자녀를 주시고
철없는 아이들을 사랑하는 마음을 주셔서
그들을 돌볼 수 있게 하신 것은
참으로 신비한 하나님의 섭리가 아닐 수 없습니다.
아이들을 통하여 우리가 하나님의 사랑의 높이와
깊이와 넓이를 배울 수 있게 하셨으니
이것이 은혜입니다.

하나님, 하지만 우리에게 맡겨 주신 아이들을
하나님처럼 온전한 사랑으로 잘 길러 내지 못한 것이
마음속 깊은 곳에 후회와 자책으로 남아 있습니다.
더 사랑하지 못하였습니다. 더 인내하지 못하였습니다.
때로 우리가 피곤하다는 이유로 아이들의 마음에 상처를 주었습니다.
주님, 우리의 회한과 아픔을 주님께서 불쌍히 여겨 주시고,
우리의 죄를 용서하여 주시옵소서.

부모로서 늘 부족하지만, 하나님께서 늘 기다려 주시기에
소망을 가지고 오늘도 주님께로 나왔습니다.
주님, 우리의 부족함을 용서하여 주시옵소서.

참회기도문 08

어린이주일

사랑의 하나님!
우리를 그리스도를 통하여 자녀로 삼아 주시고,
늘 말할 수 없는 긍휼과 사랑으로 돌보아 주심을 감사합니다.
하지만 우리는 주님 앞에서 늘 부족하고 방탕하며
아버지의 마음을 아프게 하는 자녀들입니다.

넘치는 사랑에도 불구하고 부족하다고 투정을 부리며
더 달라고 억지를 부리고,
베푸신 은혜에 감사하지 아니하며
아버지를 떠나는 것을 자유로 알고
잘한 것도 없으면서 늘 투정을 부리는
철없는 어린아이와 같습니다.
주님, 우리를 불쌍히 여겨 주시옵소서.

돌아온 탕자까지도 품에 안아 주시는 사랑의 하나님,
하지만 우리는 우리에게 맡겨 주신
귀한 어린 생명들, 우리의 자녀들을
주님처럼 무한한 사랑으로 돌보지 못하였음을 회개합니다.
그들이 자라나고 있음을, 성장하고 있음을 인정하지 못하고
마음에 차지 않는다고 구박도 하였고
험한 말로 상처를 주기도 하였습니다.

연약한 이들을 사랑하시며 늘 그들을 돌보시는 하나님,
우리가 약한 이들에게
힘으로 행한 모든 잘못들을 용서하여 주시옵소서.
낮은 자들을 돌보지 못하였고
힘없는 자들을 격려하지 못하였습니다.
무시하는 말로, 교만한 눈으로, 무례한 행동으로
상처를 주었던 것을 회개합니다.
주님, 우리를 용서하여 주시옵소서.

참회기도문 09

어버이주일

사랑의 하나님!
부족한 우리를 사랑으로 받아 주시는 주님,
죄로 얼룩져 있는 것을 아시면서도 우리를 불러 주시고
늘 악한 일만을 계획하는 것을 아시면서도 우리를 기다려 주시며,
깨끗하지 못한 삶으로 악취가 나고 있음을 아시면서도
우리를 품에 안아 주시는 하나님,
주님의 은혜를 의지하여 이 시간 주님 앞에 우리가 나왔습니다.

아버지의 유산을 미리 받고 아버지를 떠나
향락의 세상으로 나아간 탕자와 같이
우리는 아버지의 사랑을 받았음에도
아버지의 품을 떠난 불효자들입니다.
그럼에도 포기하지 않으시고
동구 밖에 나와 아들을 기다리는 아버지처럼

우리를 기다리고 기다리시는 주님,
하나님의 깊은 사랑에 감사를 드립니다.

우리에게 사랑의 원형을 보여 주신 주님,
끝까지 사랑하시며 모든 것을 내어 주시는 주님의 사랑 속에서
하나님 아버지의 큰 사랑을 경험하고 배웁니다.
하지만 우리는 늘 반항하는 아들이요, 딸이었습니다.
늘 부족하다고 투정하고 더 많은 것을 달라고 불평하는 불효자였습니다.
잠시 지나가는 세상의 헛된 욕심에 빠져 헤어나지 못하는 우리를
주님, 불쌍히 여겨 주시옵소서.

우리에게 보내 주신 사랑하는 아버지와 어머니를 생각하며 기도합니다.
부모님을 통하여 사랑을 알아 가게 하신 주님,
너무나 큰 사랑, 값없이 주시는 사랑을 받았지만,
우리는 부모님을 깊이 사랑하지 못하였고
그 사랑에 보답하지도 못하였습니다.
후회하는 마음이 들지만, 이 땅에 계시지 않은 부모님을 생각하며
한없이 눈물을 흘릴 때도 있습니다.
하나님, 우리의 부족함을 불쌍히 여겨 주시옵소서.

마땅히 사랑해야 할 가족들에게 험한 말을 하거나
폭력을 행사하거나,
가족의 마음에 상처를 주었던 일들을 생각하며 주님께 회개합니다.
주님, 용서하여 주시옵소서.

참회기도문
10

어버이주일

분토와 같고 흙과 같은 우리에게 생명의 숨결을 허락하신
아버지 하나님,
예수 그리스도의 보혈을 통하여
주님을 아빠 아버지라 부를 수 있게 하신
주님께 감사와 찬송을 올려 드립니다.
우리에게 부모님을 허락하셔서
값없이 주시는 사랑을 배우게 하시고,
그것을 통해 아버지 하나님의 마음과 하나님의 사랑을
깨닫게 하셨습니다.

어버이주일을 보내며
우리의 참된 아버지이신 하나님과
이 땅에 선물로 내려 주신 하나님의 대리자인
육신의 부모님을 생각합니다.

벌거벗은 아기로 태어난 우리를
지극한 정성으로 감싸 주시고 안아 주시고
기저귀를 갈아 주고 먹을 것을 공급하며,
기는 모습에 기뻐하며, 앉았다고 축하하며,
마침내 걷는다고 춤을 추었던 부모님의 사랑을 기억합니다.
자녀들의 앞길을 걱정하며
눈물로 기도하였던 부모님을 기억합니다.
하나님, 우리에게 이렇게 귀한 부모님을 주심을 감사합니다.

하지만 돌이켜 보니,
참으로 많이도 부모님의 마음을 아프게 하였습니다.
부모님의 사랑을 알면서도 때로는 비뚤어진 눈과 입으로
속과는 다른 말을 내뱉으며
부모님의 속을 썩여 드린 것을 회개합니다.

또한 우리의 참 아버지이신 하나님께도
우리가 불평과 반항으로
주님의 마음을 괴롭게 해 드린 것을 회개합니다.
늘 사랑으로 우리를 감싸시는 주님이시기에
오늘도 부족한 우리를 받아 주시고 안아 주실 줄 믿습니다.
탕자와 같은 우리, 참으로 불효한 우리를 불쌍히 여기시고
우리의 회개를 받아 주시며
사죄의 은총과 은혜를 내려 주시옵소서.

6.25기념

하나님, 그날은 오늘과 같은 주일이었습니다.
동족이 동족을 향하여 총부리를 겨누는
너무나 가슴 아픈 일이 일어난 6월 25일입니다.
그동안 전쟁의 상처에도 불구하고
우리 대한민국을 지켜 주시고
번영의 길로 인도하신 하나님께 감사를 드립니다.

전쟁의 포화 속에서도
주님께 예배하였던 믿음의 선배들을 생각합니다.
그리고 나라의 위기 속에서
주님께 간절히 기도했던 사람들을 생각합니다.
또한 형제와 자매, 가족들의 생명을 구하기 위해
자신의 목숨을 내어놓았던 고귀한 희생들을 기억합니다.

그리고 오늘 우리는 다시
우리의 모습을 돌아봅니다.

과연 우리는 과거의 선배들처럼
민족과 나라를 위해 절실히 기도하는지…,
생명을 내어놓았던 희생의 마음이 우리에게도 있는지…,
하나님을 부정하는 잘못된 세계관과
당당히 맞서 싸울 용기가 있는지….
하나님, 이제는 번영된 이 나라가 주는 쾌락에 탐닉하느라
나라 사랑이라는 말조차 잊어버린
우리를 불쌍히 여겨 주시옵소서.

하나님,
이 민족과 나라를 위한 간절한 기도가 사라져 버린
우리를 긍휼히 여겨 주시옵소서.
여전히 과거의 상처, 증오와 멸시, 반목과 대립의 구도 속에
갇혀 살아가는 우리를 용서하여 주시옵소서.
사랑하라는 주님의 말씀을 실천하지 못한 죄를 용서하여 주시옵소서.
나라와 민족을 향한 희생의 마음과 실천이 없었음을
또한 용서하여 주시옵소서.

우리의 모든 부족함과 죄악을 십자가의 보혈로 속량하여 주시고
크신 능력으로 새롭게 하여 주시옵소서.

참회기도문 12

광복기념

사랑의 하나님!
우리를 눈동자와 같이 보호하여 주시고
주님 앞에 나와 예배하게 하시니 감사합니다.
늘 하나님의 손길이 우리 대한민국을 감싸고 있음을
믿음으로 고백합니다.
나라를 잃고 국권을 잃고 살아가던 백성을
주님께서 불쌍히 여겨 주시고
이 땅에 광복의 은혜를 내려 주신 것을 기억하며
또한 감사를 드립니다.

주님께서 이 땅에 참된 자유와 해방을 선물로 주셨지만
오늘날 우리의 상황은 참으로 안타깝고 부끄럽습니다.
하나님을 부인하는 유물론적 공산주의 세력이
북한 땅을 지배하고 있고,

그 속에서 살아가는 궁핍한 많은 동포들이
공산 독재, 일인 독재 아래서
여전히 또 다른 포로의 생활로 신음하고 있습니다.
남한 땅에서는
이 나라가 하나님의 축복과 은혜로 부강한 나라가 되었음에도
이제는 하나님을 부인하고, 재물과 권력과 정욕과 탐심의 노예가 되어
방종의 삶을 살아가는 사람들로 넘쳐나고 있습니다.

하나님께서 이 땅에 부어 주신 광복의 그 크신 은혜를
기억하지도 아니하고 감사하지도 아니하며,
마음이 교만하여져서 하나님을 떠나
제 마음대로 살아가고 있는 우리를 용서하여 주시옵소서.
서로 싸우기를 좋아하고
구설수를 만들고 거짓말로 사람을 곤경에 빠뜨리는 것을 즐기며,
파당을 만들어 악을 행하고
경멸의 눈으로 상대를 바라보며 악한 일을 서슴지 않는
우리의 나쁜 본성과 이 민족의 악한 습성을
불쌍히 여겨 주시고
주님의 보혈로 용서하여 주시옵소서.

참회기도문 13

추석(명절)

사랑의 하나님!
주님의 보혈로 구원받은 우리들이 주님 앞으로 나왔습니다.
부족한 우리를 부족하다 아니하시고
악하고 죄 많은 우리를 크신 사랑으로 감싸 안아 주시는 주님께
감사와 찬송을 올려 드립니다.
가을의 풍성한 열매를 거두고 나누는 추석을 앞두고
하나님께서 우리에게 베풀어 주신 은혜를 하나씩 세어 봅니다.
하나님께서 넘치는 복을 내려 주시고 우리를 돌보아 주셨건만
돌이켜 보니 우리는 주님의 복을 받아 누릴 만큼
주님의 마음을 기쁘게 해 드리지 못하였고
주님의 계명을 지킴으로 주님께 영광을 돌리지도 못하였습니다.
하나님, 우리의 부족함을 용서하여 주시옵소서.

거두는 계절을 맞으며

우리가 뿌려 놓았던 씨앗들이
얼마나 많은 열매를 맺었을까 생각합니다.
헛된 말과 거짓말로 뿌려 놓은 씨앗들,
욕망과 욕심으로 뿌려 놓은 씨앗들,
시기심과 질투심으로 뿌려 놓은 씨앗들이
열매로 나타날 것을 생각하니
마음이 무겁습니다.
하나님, 우리의 잘못과 허물을 용서하여 주시옵소서.

풍성한 열매를 따는 계절을 보내며
과연 우리가 기쁨으로 거둘 만한 열매는 무엇일까 생각합니다.
게으름으로 선한 것을 뿌리지 못하고
소중한 시간을 놓치고 만 우리를 용서하여 주시옵소서.
기도하지 않은 죄,
말씀을 듣고 행하지 않은 죄를 용서하여 주시옵소서.
복음을 전하지 않은 죄, 전도하지 않은 죄,
그래서 추수의 시간에 영혼의 추수를 하지 못하는
우리의 허물을 용서하여 주시옵소서.
사랑을 심어 사랑을 거두었어야 했습니다.
하지만 우리는 미움을 심었고, 분노를 심어
분열과 다툼을 거두고 말았으니
주님, 우리의 죄와 허물을 용서하여 주시옵소서.

참회기도문 14

추석(명절)

사랑과 자비가 풍성하신 하나님!
이 시간, 주님의 자녀들이 지나온 삶을 돌아보며
주님 앞에서 참회의 기도를 드립니다.
올바르게 살고자 하였지만 제대로 살지 못해 괴로운 심정으로
주님께 기도하는 모든 이들을 불쌍히 여기시고
사죄의 은총을 허락하여 주시옵소서.

무엇보다 추석을 보내며
우리 가족들에게 잘못한 일들을 주님 앞에 내어놓습니다.
네 부모를 공경하라 명령하셨지만,
우리는 부모님을 하찮게 여기고 귀찮게 여기며, 때로 무시함으로
힘없는 부모님의 마음을 슬프게 하였음을 회개합니다.
연약한 가족들을 배려하지 못하고 자기 자랑에 함몰되어
말로, 행동으로 다른 가족에게 상처를 주거나

아픔을 주었던 것을 회개합니다.
형제끼리, 자매끼리 서로 과도하게 경쟁함으로
시기하고 질투하였음을 회개합니다.
부부간에 다투거나 자녀들에게 폭언이나 폭력을 행함으로
명절의 기쁨을 망쳐 버린 것을 회개합니다.
하나님, 우리의 부족함으로 상처받은 모든 이들을 위로해 주시고
우리의 나쁜 습성을 주님의 성령으로 고쳐 주시옵소서.

하나님께서 우리 안에 새겨 넣어 주신 양심이
우리에게 말을 걸어올 때조차
우리는 귀를 닫고 욕망과 욕심의 노예가 되어 살아온 것을 회개합니다.
나의 성공, 나의 승리만을 생각하느라
주변에서 신음하는 이들을 보지 못하였고
살피지 못하였음을 또한 회개합니다.
풍성한 열매를 거두면서도,
다른 사람들이 거둔 열매 바구니를 보며
비교하고 불평하는 우리를 용서하여 주시옵소서.
우리의 공로와 능력으로는
도저히 주님 앞에 설 수 없는 죄인입니다.
주님의 용서와 은혜를 구하오니
주님, 우리를 긍휼히 여겨 주시옵소서.

종교개혁

긍휼과 자비의 하나님!
선하신 능력으로 교회를 이끄시며 보호하시는 주님,
교회가 잘못된 길로 들어설 때마다
주님은 귀한 일꾼들을 세우시어
교회를 바르게 하심으로 교회를 지켜 주셨습니다.
인간은 나약하고
우리가 살아가는 이 땅의 교회는 늘 불완전합니다.
마땅히 주님의 이름에 합당한 영광을 올려 드려야 할 교회이지만
우리의 한계와 부족함 때문에 때로 쓰러지고 넘어질 때가 있습니다.

그럼에도 불구하고 주님께서는 성령의 능력으로
교회를 아름답게 보존하시고
많은 이들이 교회를 통하여 꿀을 먹으며
신앙이 자라나게 하시니 감사합니다.

오늘 종교개혁주일을 맞이하는 뜻깊은 날에
우리는 과연 하나님께서 주신 복음에 감격하고 있는지 생각합니다.
하나님께서 우리에게 주신 복음은
자유이고 해방이며 기쁜 소식인데
과연 우리가 그 해방의 기쁨을 누리며
자유를 누리고 있는지 돌아봅니다.
인간이 만들어 놓은 종교적인 굴레와 규례, 율법에 얽매여서
정죄하고 비난하며 좌절하며 사탄의 노예처럼
살아온 것은 아닌지
우리의 삶을 돌아봅니다.

하나님, 하나님께서 우리에게 선물로 주신
예수 그리스도를 통한 구원과 부활의 그 값진 소망을
우리가 잃어버리지는 않았는지요?
하나님께 영광을 올려 드리지 못하고
한국 교회가 세상 사람들 앞에서 비판과 비난을 받게 된 것을
눈물로 주님께 회개합니다.
우리의 탐욕과 무지와 불완전함으로 인해
하나님께 영광을 올려 드리지 못한 것을
주님, 용서하여 주시옵소서.
아는 만큼 살지 못한 우리의 죄,
배운 만큼 실천하지 못한 우리의 허물,
말한 만큼 보여 주지 못한 우리의 약함을
주님, 용서하여 주시옵소서.

참회기도문 16

종교개혁

하나님, 10월의 종교개혁 기념주일입니다.
낙엽이 떨어지는 모습을 보며 우리의 짧은 인생을 생각합니다.
하나님께서 주신 단 일회의 삶인데, 돌아보면 참 후회가 많습니다.
좀 더 바르게 살아야 했는데,
더 열심히 살았어야 했는데,
더 사랑하고 더 희생하며 살아야 했는데
그러지 못한 우리의 부족함을 회개합니다.

하나님께서 우리에게 말씀을 주시고,
우리를 주의 백성 삼으시고 우리와 언약을 맺어 주셨지만,
우리는 말씀대로 살지도 못하였고
주님과 맺은 언약도 제대로 지켜 내지 못하였습니다.
깨어진 언약 앞에서 우리는 낯을 들 수 없사오나
우리의 연약함을 아시고

예수 그리스도를 통하여 우리를 구원하신
하나님께 영광과 찬송을 올려 드립니다.

오늘도 예수의 이름을 의지하여
아무 공로도 없사오나 주님 앞으로 나왔사오니
부족하고 죄 많은 우리를 받아 주시옵소서.

하나님, 종교개혁 기념주일을 보내며
한국 교회와 우리의 모습을 다시 돌아봅니다.
주님의 몸 된 교회를 더럽히고 하나님의 이름의 명예를 떨어뜨린
우리를 긍휼히 여겨 주시옵소서.
능력을 잃어버린 이 땅의 교회를 구원하여 주시옵소서.
교회의 순결함을 회복시켜 주시옵소서.
하나님의 성령으로 보호하여 주시옵소서.
거룩한 교회로 다시 태어나게 하여 주시옵소서.

말하지 않은 것까지도 아시는 하나님,
우리의 죄가 우리 앞에 있사오니
우리를 불쌍히 여기시고
용서하시고 구원하여 주시옵소서.

참회기도문 17

추수감사

하나님, 한 해를 결산하는 추수감사주일입니다.
도저히 견딜 수 없을 것 같았던 어둠의 시간이 그래도 지나갔습니다.
살면서 한 번도 경험해 보지 못했던 팬데믹을 겪었습니다.
하나님, 많은 이들이 사업을 접어야 했고,
많은 이들이 고통을 경험했습니다.
또한 바이러스로 인해 희생된 이들도 많습니다.
수험생들은 공부도 제대로 하지 못하는 상황 속에서
시험을 준비해야 했고,
취업을 기다리며 준비하던 이들은
취직자리가 줄어들어 발을 굴러야 했습니다.

하지만 그 사이에 어느덧 나무에는 풍성한 열매가 열렸고,
논에는 추수할 곡식들이 머리를 숙였습니다.
더 높고 맑아진 가을 하늘이

창조 세계의 질서가 회복되고 있음을 말해 주고 있습니다.
하나님, 그동안 어려움 속에서 믿음으로 굳게 서지 못하고
한없이 두려워하며 주님께 불평하였던 것을 회개합니다.
하나님께서는 늘 가까이 계셨는데
어려운 고비를 지날 때에 홀로 있다고 생각했고,
하나님께서 나를 버리셨다고 생각했습니다.
코로나 감염병을 핑계로 믿음 생활을 제대로 하지 않았던
우리의 게으름과 나태함을 이 시간에 회개합니다.

이 가을에 우리의 신앙이 더 많은 열매로
하나님을 기쁘시게 하지 못함을 안타까운 마음으로 회개합니다.
팬데믹의 재앙을 이겨 내고 있는 중이라는 이유로
우리 안에 하나님을 향한 감사의 마음이
약해지지는 않았는지 돌아봅니다.
또한 과거의 화려하고 풍성했던 코로나 이전의 실적과 열매를
오늘의 것과 비교하느라,
올 한 해 우리와 함께하신 하나님께 감사하지 못하는
우리를 용서하여 주시옵소서.

하나님, 거룩하고 복된 추수감사주일에
주님께서 내려 주신 모든 것들을 바라보며 감사하길 원합니다.
주님의 은혜를 깊이 생각하는 우리 모두가 되게 하여 주시옵소서.

참회기도문 18

추수감사

사랑과 자비가 풍성하신 하나님!
오늘도 은혜 가운데
주님의 자녀들이 예배의 자리로 나왔습니다.
하나님께서 베풀어 주신 구원의 은혜를 마음에 새기며
감사한 마음으로 나왔습니다.
특별히 오늘은 추수감사주일로
지난 일 년을 돌아보며 주님 앞에
나와 기쁨으로 예배하는 날입니다.
우리의 부족함에도 불구하고 우리에게 베풀어 주신
하나님의 크신 은혜에 감사와 찬송을 올려 드립니다.

하나님, 하지만 우리의 지난 모습을 돌아보면
참으로 부끄럽고 죄송한 마음이 많습니다.
하나님께서 베풀어 주시는 수많은 은혜를 경험하면서도

우리는 늘 부족하다는 생각으로 불만과 불평이 입에 달려 있었습니다.
더 얻으려 하였고, 더 가지려 하였습니다.
하나님께서 날마다 필요한 것들을 충분히 내려 주셨음에도
미래를 걱정하며 내 힘으로 더 많은 것을 가지려 하였습니다.
하나님, 주님의 선하심과 인도하심을 믿지 못한 까닭입니다.
우리의 죄를 용서하여 주시옵소서.

하나님, 이미 많이 받았고 충분히 누리고 있음에도
늘 더 가지려는 우리의 못된 심성을 용서하여 주시옵소서.
주님께서 주신 것 이웃들과 나누지 못하고
그저 창고에만 가득 쌓아 두려 하는
우리의 미련함을 용서하여 주시옵소서.
늘 하나님의 도우심이 있었음을 기억하게 하시고,
주님께 감사하는 마음이
우리 안에서 불일 듯 일어나게 하여 주시옵소서.

참회기도문

19

창립기념

성령의 능력으로 친히 교회를 세우시고
오늘도 교회를 통하여
구원의 복음이 온 세상에 전파되기를 원하시는 하나님,
창립 ○○주년을 맞이하는 오늘,
성도들이 기쁜 마음으로 이 예배의 자리에 나왔습니다.
지난 ○○년 동안 주님의 사랑하는 자녀들을 날마다, 주일마다
거룩한 성전에 모으시고 말씀을 통하여 은혜를 부어 주시며,
성령의 교제 가운데 풍성한 열매를 맺게 하여 주신
주님께 감사와 찬송을 올려 드립니다.

하나님, 하지만 지난 시간을 돌이켜 보면
우리는 세상에 빛과 소금의 역할을 감당하지 못할 때도 있었고,
하나님의 마음을 아프게 해 드린 적도 있었고,
심지어 세상 사람에게까지 근심거리가 된 적도 있었습니다.

하나님께서 친히 세우신 교회 안에서 신앙의 형제자매들과
서로 화목하지 못하고 반목함으로
주님을 근심하게 해 드린 것을 회개합니다.
경건한 예배를 최고의 가치로 세우고 새벽부터 열심히 모이는 교회로,
주일마다 안식하는 교회로 세워 주셨지만,
때로 우리는 하나님 앞에서 진정한 예배자가 되지 못하였고
나의 성공과 소원 성취만을 위해 예배당을 찾는
복의 구매자였음을 회개합니다.

중심을 보시는 하나님, 우리의 마음은 주님을 간절히 찾고 있지만,
우리의 불완전함과 유한함이 주님과의 사이를 갈라놓았고,
우리는 주님 앞으로 감히 나갈 수 없는 존재가 되고 말았습니다.
주님, 우리를 불쌍히 여겨 주시옵소서.
오직 화평케 하시는 주님의 보혈로 우리 죄를 도말하시고
다시 주님 앞에 순결한 신부로 세워 주시옵소서.

하나님, 우리를 주님의 편지로, 주님의 향기로 부르셨지만,
우리는 주님의 향기를 세상에 퍼뜨리지 못하였고
생명의 빛을 비추지 못하고, 하늘나라의 참맛을 내지 못하였습니다.
하나님, 우리의 모든 죄를 주님 앞에서 고백하오니
우리의 허물과 죄를 용서하여 주시옵소서.

사죄의 선언 성구 목록

2019.01.13. ~ 04.07.

고후 5:17, 롬 8:1 그런즉 누구든지 그리스도 안에 있으면 새로운 피조물이라. 이전 것은 지나갔으니 보라 새것이 되었도다. 그러므로 이제 그리스도 예수 안에 있는 자에게는 결코 정죄함이 없느니라. 아멘.

2019.04.21.(부활절) ~ 2020.05.10.

골 3:1-3, 롬 8:1 너희가 그리스도와 함께 살리심을 받았으면 위의 것을 찾으라. 거기는 그리스도께서 하나님 우편에 앉아 계시느니라. 위의 것을 생각하고 땅의 것을 생각하지 말라. 이는 너희가 죽었고 너희 생명이 그리스도와 함께 하나님 안에 감추어졌음이라. 그러므로 이제 그리스도 예수 안에 있는 자에게는 결코 정죄함이 없느니라. 아멘.

2020.05.17. ~ 2021.01.03.

시 103:8, 13-14, 롬 8:1 여호와는 긍휼이 많으시고 은혜로우시며 노하기를 더디 하시고 인자하심이 풍부하시도다. 아버지가 자식을 긍휼히 여김 같이 여호와께서는 자기를 경외하는 자를 긍휼히 여기시나니 이는 그가 우리의 체질을 아시며 우리가 단지 먼지분임을 기억하심이로다. 그러므로 이제 그리스도 예수 안에 있는 자에게는 결코 정죄함이 없느니라. 아멘.

2021.01.10. ~ 2021.05.09.
고후 5:17, 롬 8:1　그런즉 누구든지 그리스도 안에 있으면 새로운 피조물이라. 이전 것은 지나갔으니 보라 새것이 되었도다. 그러므로 이제 그리스도 예수 안에 있는 자에게는 결코 정죄함이 없느니라. 아멘.

2021.05.16. ~ 2023.03.26.
시 103:8, 13-14, 롬 8:1　여호와는 긍휼이 많으시고 은혜로우시며 노하기를 더디 하시고 인자하심이 풍부하시도다. 아버지가 자식을 긍휼히 여김 같이 여호와께서는 자기를 경외하는 자를 긍휼히 여기시나니 이는 그가 우리의 체질을 아시며 우리가 단지 먼지분임을 기억하심이로다. 그러므로 이제 그리스도 예수 안에 있는 자에게는 결코 정죄함이 없느니라. 아멘.

2023.04.02.

갈 1:4, 롬 8:1   그리스도께서 하나님 곧 우리 아버지의 뜻을 따라 이 악한 세대에서 우리를 건지시려고 우리 죄를 대속하기 위하여 자기 몸을 주셨으니 그러므로 이제 그리스도 예수 안에 있는 자에게는 결코 정죄함이 없느니라. 아멘.

2023.04.09. ~ 2024.02.25.

롬 8:34-35a, 8:1   누가 정죄하리요 죽으실 뿐 아니라 다시 살아나신 이는 그리스도 예수시니 그는 하나님 우편에 계신 자요 우리를 위하여 간구하시는 자시니라. 누가 우리를 그리스도의 사랑에서 끊으리요. 그러므로 이제 그리스도 예수 안에 있는 자에게는 결코 정죄함이 없느니라. 아멘.

2024.03.03. ~

갈 1:4-5, 롬 8:1   그리스도께서 하나님 곧 우리 아버지의 뜻을 따라 이 악한 세대에서 우리를 건지시려고 우리 죄를 대속하기 위하여 자기 몸을 주셨으니 영광이 그에게 세세토록 있을지어다. 그러므로 이제 그리스도 예수 안에 있는 자에게는 결코 정죄함이 없느니라. 아멘.

2024.03.31.(부활절)
벧전 1:3-5, 롬 8:1   우리 주 예수 그리스도의 아버지 하나님을 찬송하리로다. 그의 많으신 긍휼대로 예수 그리스도를 죽은 자 가운데서 부활하게 하심으로 말미암아 우리를 거듭나게 하사 산 소망이 있게 하시며 썩지 않고 더럽지 않고 쇠하지 아니하는 유업을 잇게 하시나니 곧 너희를 위하여 하늘에 간직하신 것이라. 너희는 말세에 나타내기로 예비하신 구원을 얻기 위하여 믿음으로 말미암아 하나님의 능력으로 보호하심을 받았느니라. 그러므로 이제 그리스도 예수 안에 있는 자에게는 결코 정죄함이 없느니라. 아멘.

경건한 예배를 위한 고백의 기도
우리를 돌이키사 다시 살리소서

1판 1쇄 인쇄 _ 2024년 12월 18일
1판 1쇄 발행 _ 2024년 12월 28일

지은이 _ 김경진
펴낸이 _ 이형규
펴낸곳 _ 쿰란출판사

주소 _ 서울특별시 종로구 이화장길 6
편집부 _ 745-1007, 745-1301~2, 743-1300
영업부 _ 747-1004, FAX 745-8490
본사평생전화번호 _ 0502-756-1004
홈페이지 _ http://www.qumran.co.kr
E-mail _ qrbooks@daum.net / qrbooks@gmail.com
한글인터넷주소 _ 쿰란, 쿰란출판사
페이스북 _ www.facebook.com/qumranpeople
인스타그램 _ www.instagram.com/qrbooks
등록 _ 제1-670호(1988.2.27)
책임교열 _ 박은아·김유미

ⓒ 김경진 2024 ISBN 979-11-94464-12-9 03230

책값은 뒤표지에 있습니다.
이 출판물은 저작권법에 의해 보호를 받는 저작물이므로 무단 복제할 수 없습니다.
파본(破本)은 구입처에서 교환해 드립니다.